U0840685

厦门市文化和旅游局
厦门市闽南文化研究会 编

闽南非物质文化遗产丛书·第二辑

保生大帝信俗

陈耕 著

海峡出版发行集团 | 鹭江出版社
THE STRAITS PUBLISHING & DISTRIBUTING GROUP | LUJIANG PUBLISHING HOUSE

2020年·厦门

“闽南非物质文化遗产丛书·第二辑”编委会

主　　任：张　权

副 主 任：叶细致

执行主任：黄天福　陈　耕

委　　员：陈　娟　郑敏慧
苏华琦　邱华琳
吕卫东　郑　锐
蔡亚约　叶亚莹

总　序

厦门的非物质文化遗产，伴随厦门的兴衰，历经沧桑，衍变至今，形成一个既相对完整，又富有创造精神的文化生态，承前启后，自成风貌。

自国家级文化生态保护实验区设立后，闽南文化出现了极其繁荣的局面。厦门各界大胆实践，守正创新，既制定发展规划，又出台建设办法，构建了较为完善的国家、省、市、区四级非遗传承体系，一批非物质文化遗产展示区、保护试点、传承中心等项目建设顺利推进。

2017 年，金砖五国国家领导人在厦门会晤，厦门非遗再一次受到国家的高度重视。会晤期间，文旅部门成功组织了非遗展演活动，习近平总书记还亲自向普京总统推荐、介绍厦门非遗，其中厦门漆线雕、惠和影雕大放异彩，为国家赢得了荣誉。

2019 年，厦门的国家级非遗项目送王船，首次成为中国和外国联合申报人类非遗名录的项目，成功列入2020 年联合国教科文组织的审核清单。在这一段时间里，中国和马来西亚各自从本土出发，带着兼收并蓄的开放心态，跨越古今中外，加强研究，凝聚共识，形成合力，统一文本，联合申报。如今，人们对送王船等非遗的研究，兴趣越来越浓，关注越来越多，认识也越来越深，可以说成绩斐然，硕果累累。这些研究，从远处说，是一种文明成就；从近处说，贴近人心，满足人们对美好生活的向往，弥足珍贵。

2013年，闽南非遗丛书第一辑的出版，引起全球闽南文化圈的关注，使热爱厦门的广大民众，对厦门的非物质文化遗产多了一分了解。这辑丛书，实际上是一个“药引子”，要配齐整服药，需要这座城市所有人一起努力，不断进取，继续把厦门的闽南非遗捡拾起来，补充完整，互联共享，让厦门非遗在新的起点上，实现新作为，激发新活力。

如今，闽南非遗丛书第二辑，在人们的热切盼望中出版在即，这是厦门非遗建设取得的又一丰硕成果。该丛书侧重选择具有较高社会价值、美学价值和科学研究价值的类别，以民俗文化为主，对有形的、无形的、静态的、动态的非物质文化遗产进行梳理和总结。一套八本，内容丰富，为厦门非遗的创造性转化和创新性发展，又搭建了一个新的信息展示平台，让人们对厦门相关非遗项目的历史脉络和文化特征有更深刻的认识和了解。

无疑，无论是那些在中山公园晓春楼喝茶聊天的老先生，还是在锦华阁听古乐南音的老阿婆，他们都生活在先人留下来的文化氛围中。这些轻松、温馨的场景，每每让人涌起潜藏的感情，沉浸其中，又怦然心动，且难以自拔。这些场景、这种感情，日渐成为厦门非遗的一道人文景观。厦门非遗是闽南文化研究的核心，寄望于世世相传，代代相承。也正缘于此，闽南非遗丛书第二辑的出版，弥补了厦门非遗研究某些方面的缺失，为这座文化底蕴深厚的城市增添了一抹迷人的色彩。

当前，厦门遗留下来的非遗文化形态多姿多彩，备受瞩目。人们对闽南文化综合性的整体研究刚刚起步，但势头良好，令人备感欣慰！厦门闽南文化研究会原会长陈耕先生，以多种方式鼓励学者同仁，合其人力物力，推动厦门非遗的研究，体现了共建学术共同体的责任，其心可嘉，值得铭记。

厦门市闽南文化研究会会长　叶细致

目录

引 言

2007年“闽南大道公信仰”入选第一批福建省非物质文化遗产名录，这一项目包含“厦门大道公信仰习俗”和“漳州白礁慈济宫吴真人诞辰祭典仪式”两个非物质文化遗产项目。2008年该项目以“保生大帝信俗”入选第二批国家级非物质文化遗产名录。

保生大帝，又称大道公、吴真人，姓吴名本（名亦作“夲”，音同“滔”。但据专家考，他哥哥名根，一根一本，合于情理。况且其家世贫寒，贫苦渔夫给儿子起一个普通人都不认识的名字，于理不通），字华基，号云冲。宋太平兴国四年（979年）三月十五日生于同安县白礁村，卒于北宋仁宗景祐三年（1036年）农历五月初二日。他出生的福建省泉州府同安县白礁乡在1957年划入漳州市龙海县，同时，他炼丹制药行医的漳州府海澄县三都青礁村则被划入厦门市海沧区。这个变动曾经给漳泉二府的信众带来一些困扰。

青礁慈济宫保生大帝雕像

相传，吴真人生前医术精湛，救人无数，医德高尚，行医不分贵贱，慈惠济世，深受尊敬，被称为神医。年过半百，为救人上山采药坠亡，百姓敬仰，人们自发地建宫立庙，塑像祭祀，渐渐发展为一种信仰崇拜。吴真人也渐由神医变医神，历代封号叠加，直至被尊为“帝”，民间却亲切地称为“大道公”。保生大帝的精神是一种关怀民生、救死扶伤的精神。闽南人将其奉为神明，教育后人永远奉祀、永为榜样。

南宋绍兴年间朝廷赐额“慈济”建庙，即今青礁、白礁慈济宫。永乐十七年（1419 年）封为保生大帝。对真人的崇拜遍及闽南、两广、台湾及海外华人聚居的地方，所建庙宇近千座，仅台湾就多达数百座。

青礁慈济宫

保生大帝被闽南人民视为健康平安保护神，传统上的习俗主要是祭祀和卜签。除了日常个人或家庭的祭祀，群体的祭

青礁慈济宫木质签诗雕版

祀活动有乞火（谒祖进香），即分炉于各地的保生大帝庙，定期或不定期要组织信众到各自祖庙举行谒祖进香活动。谒祖进香有一定的祭祀程序：将带来的神像置于祖庙神像旁；信众进香；跪拜；道士主祭，念祷文，祈求平安；请火，将祖庙香炉中的部分香灰置入带来的香炉中；烧香纸，鸣鞭炮；祖庙送有关神明资料和灵符给请神方；分炉的神明乘着辇轿在旗幡的拥簇下和锣鼓声中回境巡游并祭拜。

问药签是保生大帝庙的一大特色，信众本人或亲属逢身体不适，到保生大帝庙卜药签后，按药签处方到药店取药治病。青礁慈济宫现存的中药签分内科（处方 120 首）、外科（处方 24 首）和儿科（处方 36 首），多属偏方。各科每张处方少则 1—2 味，多则 8—9 味。纵观药签处方多为普通的中草药，对常见疾病有一定疗效。此外，青礁慈济宫的问事签诗共 66 首，每首为七言四句。统观所有问事签诗，寓有辩证法，内容多为行善积德、勤奋上进、敬老爱幼等传统美德。

保生大帝是闽南地区的乡神，主要内容多以劝善戒恶、扶危济弱、治病救人、敬老爱幼等为主旨，药签能治病，问事签能给人们排忧解难，祭祀活动祈求平安。

保生大帝信俗在海内外有着广泛的影响，台湾尤为居多。改革开放以来，闽南民间信仰信俗活动日趋活跃，以大道公信俗为平台的海峡两岸交流合作日益频繁，对促进海峡两岸人民的交流交往发挥了重要作用。

2006 年以来，闽南百姓在传承保生大帝信俗的实践中，按照创造性转化，创新性发展的方针，将其提升为慈济、健康、和谐的保生慈济文化，举办了十几届的“海峡两岸保生慈济文化节”和“保生慈济文化研讨会”，并将青礁、白礁建成海内外闻名的朝圣旅游景区，堪称闽南文化在当代创新性发展的典型，以及闽南非物质文化遗产传承创新的典范。

第二届青礁保生慈济文化节祭祀

第一章　从人到神

闽南人在坎坷曲折的迁徙过程与筚路蓝缕的最初开发移居地的过程中，面临重重困难，因此特别看重能带领大家走出困境、除恶克难的先贤。这些先贤生前被视为英雄，死后奉为神明，被

杨夏林先生的《吴真人采药图》

赋予许多超验的神力，希望他们能继续庇护信众，消灾却难，破解万难。闽南现实生活中的许多先贤、功臣、名将，就这样由人而神，成为人们信奉的偶像。

在闽南民间信仰中，闽南人自己创造的先贤崇拜是最多的，体现出闽南民间信仰“喝水不忘挖井人”的教化功能。

先贤崇拜的每位神明都有一段生前利民益世的故事作为背景，并获得与他们生前事迹相关的神职功能，构成了闽南纷繁的先贤崇拜系统。保护百姓生命安危的医神吴本就是其中尤为突出的一位先贤。

第一节　保生大帝的生平与传说

闽南原本居住的是古百越族的山畲水疍，后来，中原汉族南来，主要有三次：西晋永嘉年间八姓入闽，开发晋江流域；唐初“开漳圣王”陈元光的开漳，开发漳江、九龙江流域；唐末“开闽王”三兄弟率河南固始军民入闽，推动农耕文明与海洋文明的融合，引领宋元海上丝绸之路，开创闽南的富裕繁荣。其间，当地居民与南来的族群相互争斗、相互交融绵延八百年，至五代末北宋初方才融汇形成了闽南文化、闽南民系。因而直到北宋期间，闽南社会缺医少药的现象仍相当严重，加上依山傍海，草木丛生，地气湿热，瘴疠瘟疫不断，民众不胜其苦。

保生大帝就出生于闽南的这个时代。一方面闽南社会正处于从单一的农耕文明向海上交通贸易为引领的海洋文明转型的进程中，海洋文明不断引领农耕文明从自给自足走向商品化、精细化。整个社会蓬勃向上，日趋安定富裕，生命愈显珍贵。另一方面，当时的闽南尚未脱离所谓瘴厉之区，病魔横行，缺医少药，百姓期待有“神医”“神药”，救苦救难。

相传保生大帝出生时便出现神迹，母亲梦见神明送子，出生时天空出现霞光。这当然是后人美好的艺术创作，但也给信仰的传播插上艺术想象的翅膀。不过，吴真人从小天资聪敏是可以肯定的。我们从来没有见过一个好中医是愚钝不聪明的，何况这位闽南中医的祖师爷。

保生大帝出生于贫苦的家庭，童年就跟随父亲吴通下海捕鱼维生。不久其父感染疾病，无钱求医而早逝，其母黄氏亦因操劳过度，相继病故。孤苦伶仃的吴真人在童年时期家庭就遭受了巨大变故，亲眼看到父母被病魔夺去性命，亲身体会到百姓缺医少药、无钱治病的痛苦，这使他很小就萌发了立志学医，普救众生的意愿。

最初，年幼的他拜蛇医为师。

“闽”字门中一条蛇，闽人崇奉蛇由来已久。闽南人对蛇的崇拜，更加普遍热烈，不仅有庙宇供奉蛇仙，而且还有蛇的传说，如蛇郎君，更有许多蛇的石刻雕塑等等。在漳州平和的三平祖师公庙，蛇被尊为三平祖师的侍者公。周边许多村子都修建供奉侍者公的蛇神庙，每家每户按照年份轮流来供奉侍者公。

蛇可以说是闽南人的图腾，流传至今的闽南拍胸舞舞者的头上就扎着象征蛇的草绳。还有一种有趣的说法，说土地公是管蛇的，谁要是梦见了蛇，就预示着财运。

闽南人是不乱打蛇的，只要你不去触犯，蛇也不会无故冒犯人。人与蛇，是可以相安无事的。他们认为遇到蛇是吉祥的象征，打蛇反而会遭到不测。如果不小心伤到蛇，要找个地方，将它的遗体埋葬，特别是蟒蛇之类。闽南人认为蟒蛇具有灵性，直至今天，如果不经意间发现，人们就会把它好生地安顿，或者交给有关部门，或者放归山林。

但是，早年的闽南毕竟到处是蛇，被蛇咬伤的事，也常常发生，因此闽南民间自古以来，就有许多蛇医擅长医治蛇伤。“闽南传统蛇伤疗法”也在2010年6月入选第三批厦门市非物质文化遗产名录。

闽南蛇伤疗法“非遗”牌匾

早年闽南蛇医全靠闽南青草药治疗蛇伤，这使吴真人在跟随蛇医师傅的几年间就识遍了闽南的青草药，奠定了他作为闽南医药宗师的坚实基础。如七叶一枝花，本是治疗毒蛇咬伤的青草药，后来根据它消肿解毒的疗效，又将其应用于痈肿疔毒、咽喉肿痛，甚至延伸至治疗惊风抽搐、跌打损伤。

金钱莲

一方水土养一方人，一方水土就有一方的病，一方水土也有一方的药。闽南这个地方的特殊水土、气候，引发了一些普遍的病，如天气湿热，食物容易发霉，产生黄曲霉菌，导致肝病、肝癌横行，这曾经是闽南人健康第一杀手。同时，这个地方也就生长出一些特殊的物种，对于闽南的常见病、多发病有特殊的疗效，如金线莲。它另外一个名字叫作鸟人参，闽南的鸟儿有病，就会来啄食它，并获得康复。人们是在观察鸟儿病而康复的过程中，发现金线莲的功效，并把它作为治疗肝炎、清热补益的青草药广泛使用。

总之，闽南的先人针对闽南的疾病，在长期的生活中，在利用闽南生长的植物与许多病魔的斗争中，发现、探索、总结出利用本地青草药治疗本地多发病的许多治疗方法，创造了造福闽南人民一千多年的闽南民间医药。它是闽南人民伟大的创造，丰富了我国中医药宝库。而保生大帝正是史书记载的第一位根据从中原带来的中医药原理，将闽南青草药系统应用于闽南疾病治疗，并取得巨大成功造福闽南人民的民间医生。他将自己在闽南青草药应用上的经验写成《吴氏本草》，传给后人。可惜，在明清的禁海、倭患、迁界、战乱中此书竟佚失无踪。

年少的保生大帝随师傅走遍闽南无数村落，救活了许多被毒蛇咬伤的人，也目睹无数其他病患的痛苦和家人的哀伤，这些都激励他立下学习更多本事，解救更多病患的志向。后来他拜别师傅，一边四处行医，在实践中摸索钻研，同时到处搜集民间单方、偏方青草药；一边遍访名师，求教于当世多位名医，结合各家派别，融会贯通，终于树立自成一格的独门医术。据说，保生大帝二十来岁就熟知药学药性和人体气血运行经络穴位，擅长针灸之术，而且练得一身高超的气功、轻功，史书称其“精通岐黄及三五飞步之法”。

于是他回到离家乡白礁仅五里的青礁，选择岐山龙湫坑风水宝地，结庐其上，采药炼丹，为人治病，药到病除。据《海澄县志》载，吴真人“按病投药，如矢破的；或吸气嘘水，以饮病者，虽沉疴奇症，亦就痊愈。是以疠者、痈疽者，扶舁携持，无日不交踵其门”。吸气嘘水，这是气功之法；疠者，蚊虫叮咬，上吐下泻的痢疾病患。保生大帝胸有成竹，药到病除。

宋明道二年（1033 年），漳泉地区瘟疫流行，百姓相继死亡，田园荒废，到处呈现一片凄凉惨景。吴真人不顾自身安危，毅然带领徒弟，深入到疫区，跋涉于闽南的崇山峻岭，奔波于闽南村野，以拯救黎民为己任。他在泉州时，住在花桥亭这个地方，普施丹药，救活百姓万千。后人为纪念吴真人的医德，就在吴真人住过的花桥亭，建起宫庙取名花桥宫，塑像以祀，借此以缅怀其恩德。

同安县令江仙官在吴真人高超的医术医德感召下，竟弃官相从，随真人学医济人。据《同安县志》卷四十《人物志》载，“同安县令江仙官、主簿张圣者高其义，皆弃官从神（指吴真人）游，而黄医官、程真人、鄞仙姑尤得神秘授”。吴真人以医名天下，以其医德而感动县令等人弃官相从，成为千古佳话。

民间相传最多的是保生大帝妙手回春救国母。宋仁宗天圣九年（1031年），太后患疾，朝里所有太医多次诊治，百药无效，其病情反而日渐加重，奄奄一息。

原来，当时的医生，很多医术不精，庸医杀人，常有所闻。据同时代的范仲淹奏：“今京师生人百万，医者千数，率多道听，不经师授，其误伤人命者，日日有之。”太医院中也不乏庸医。

太后患的是乳疾，太医诊治时无法近身视诊，只能听凭宫女叙述胡乱开药，所以服下许多丹药均未见效，只好张贴黄榜，广征良医。

传说，从福建到京都汴梁云游的吴真人揭了黄榜，于是被带进宫中。宋仁宗亲自召见，只见他道貌平凡，布衣草鞋，风尘仆仆，说话却声如洪钟，上朝不拘礼节。皇帝心想：这分明是个乡间医生，只是人不可貌相，且让他试看看。

吴真人被带到后宫，太后躺在房里床上，太监从房里接出一条红丝线，让他在丝线上把脉。只见他把三个指头轻轻地按在丝线上，叹了一口气道：“此脉已停，无药可治了。”站起来就要往外走。

皇帝赶紧派人把他拦住。原来，刚才是皇帝故意叫宫女将红丝线系在床杆上，看来这乡下医生确非等闲之辈，于是请他再为太后把脉。这一把，他又叹了一口气："没治了，太后的脉搏跳得和猫一样急!"原来这次皇帝依然不放心，把丝线绑在猫上来试他。

皇帝知道遇上神医了，立刻亲自出面请真人再次号脉。只见他凝神聚气，垂头侧耳，轻轻按住红丝线，片刻微微一笑道："不妨事，不妨事。"随后他为太后隔幔灸艾柱，银针入经穴，妙手回春，太后竟回魂开眼。真人又开方取药，并亲自为太后烹调汤药，不数日太后终于康复如初。

皇帝心花怒放，下旨要封真人为御史大夫。吴真人起身辞谢："志在云游四方，救死扶伤。高官厚爵，荣华富贵，非我所愿。"

仁宗皇帝赞赏他的医德医术，赐封"医灵真人"。

从此，吴真人名闻天下，甚至连老虎都要求救于真人。

传说一天晚上，吴真人和他的徒弟到外村看完一个危急病人，乘着朦胧的月色往回赶路。他们经过一条羊肠小道时，发现远处闪着两盏绿莹莹的灯光。那绿光越来越近，越来越显眼。"师傅！不好了，有老虎!"徒弟大叫一声，拉住吴真人。

真人原先只顾埋头走路，心里还在琢磨着刚才那个病人的病情，被徒弟突然一喊，猛地惊醒过来，借着月光一瞧，果然有只猛虎，张着血盆大口，双脚跪在路边。

"师傅，快跑!"

"且慢！你看这只老虎有些不同，它跪在那里干什么?"

徒弟定心一看，那只老虎确实双脚跪地，还不断向他们点头，像在求什么似的。

真人心想，野兽有时也会通人性，这老虎肯定有求于我，我不妨上前看看。走近一看，只见那老虎流下两行泪来，细细一瞧，这才发现原来是支银钗卡住老虎的嘴巴，使虎口不能闭合，痛苦万分。

真人轻轻摸一下老虎的脑袋，一手托着老虎的上颌，一手伸进虎口，轻轻用力，拔掉那支银钗。老虎顿觉浑身轻松，感激地连连点头示意。

真人救了老虎一命，老虎知恩报恩跑到真人师徒前面为他们带路，一直护送他们到村口，才向他们长啸一声掉头跑回山林里。

据说，自此之后，不管吴真人到哪里出诊，或上哪座大山采药，总有一只老虎跟随保护。所以保生大帝宫庙一定会供奉一只虎爷。

虎爷

保生大帝最得闽南人民大众称赞与尊敬的不仅是其高超的医术，更是其一心系念着人民的“医者仁心”高尚医德。

他治病，上至皇室太后，下及庶民百姓，不分贵贱，不受奖赏，不索酬谢。他曾遇一少年被强盗砍伤倒在路旁，胫骨折断，生命垂危，真人毅然将鲜血淋漓的少年背回茅舍，以柳枝为之接合断骨，内服外敷，专心护理，把少年从死亡线上救治过来，而分文不取。诸如此类救死扶伤的事迹，赢得远近乡亲的赞扬。

据传当时有位漳州州官寿诞大办宴席，特派公差以轿邀请吴本光顾捧场，吴真人再三谢绝。正当此时，来了一位农民，说他儿子被毒蛇咬伤，危在旦夕。真人丢下公差背起药箱随农民而去。

他一生不婚，终生吃素，以行医为志，救人无数，百姓有口皆碑，誉为神医。他救人特别多，影响特别大，人民对他的感情特别深。

北宋仁宗景祐三年（1036 年）农历五月初二日，已经 58 岁年近花甲的保生大帝为了及时医治一位急症病人，上文圃山龙池岩险峰，采一味名为“金不换”的草药，不料竟跌落山崖，伤重不治。

乡人悲痛万分，又十分感戴，于是合力在他行医救人的青礁龙湫坑搭建了第一座设像供奉他的宫庙——龙湫庵。遇有疾病，乡人依然到庵中求药，居然都能一一痊愈，一传十十传百，四方信众纷至沓来，神迹更见灵验。

一百多年后的南宋嘉定年间，漳州刺史庄夏写的碑记记载三个病例：夏尝见今枢密曾公言幼年苦风，头疡几秃，就侯医辄愈。嘉定九年（1216 年），右股赤肿大如杯，唯祷于侯，不事刀匕之剂，未几而平复。因念畴昔双瞳幻医，积久浸剧，百药俱试，如水投石，自分已为废人。适有良医自言能游针于五轮间小有差舛，如触玻璃而倒沆瀣，人皆危之，赖侯之灵以迄济，乃今渐得复旧。

青礁慈济宫吴真人像（谢明俊摄）

侯，即保生大帝，他在嘉定元年（1208 年）五月加封忠显英惠侯，庄夏的碑记在嘉定年，自然称保生大帝为侯。

所记三个病例，前例是庄夏介绍曾从龙治愈头风。曾从龙，泉州晋江人，曾公亮四世从孙，是宋宁宗庆元间状元，官至枢密院知事，他对庄夏说，幼年时头风头痛，头发尽落，到真人庙祈求真人医方，很快就好了。

白礁保生大帝金身

后两例是庄夏本人的亲身经历。他记述自己于嘉定年间，右腿赤肿大如杯，求祷于吴真人，不经开刀挖脓，也没有服药敷药，不久就痊愈了。又曾经双瞳出现幻影，越来越厉害，请了许多医生，吃了许多的药，没有一点儿作用。他估计自己就要双目失明，成为废人。正好有一位有名的医生称可以用银针治疗他的双眼。周围的人都认为以针刺眼治疗，太危险。于是祈祷真人，卜得上珓，放心治疗，终于使他复明。

可以说这是宋代命官记述吴真人留下的医方医药灵验的历史文献，也证实保生大帝医术的高明，和官民对他医术的崇敬。

保生大帝德才兼备，其深爱人民，精于医术，不恋官位，不畏权贵的精神深深地适应了人民群众的心理向往，人们乐于引他的精神为依托。于是，民间关于他保护人民的传说，便由治病救人延展到法力无边的抗敌救国、消灾解难。

第二节　官方的封赐与百姓的崇敬

吴真人在世时，宋仁宗就封他为“妙道真人”，这是他的第一个封号。宋景祐三年（1036 年）吴真人去世，数十年后，金人大举入侵，至靖康二年（1127 年），徽钦二帝，被俘北去。时宋高宗，以太子为人质，夜逃渡黄河。金朝追兵紧逼，忽然见空中“吴”字大旗招展，金光闪闪，似有天兵天将降临，金兵狼狈逃窜，高宗得以平安过河。后来，南宋偏安方立，绍兴间，虏寇犯境，乡人到庙祈求，见真人助官兵平虏寇，使寇酋就歼。于是，南宋乾道二年（1166 年），高宗皇帝下诏于保生大帝故乡白礁和行医地青礁建庙奉祀，赐庙额为“慈济”，并赐谥“大道真人”。

自后，于宁宗庆元丙辰（1196 年）追封忠显侯，宁宗嘉定戊辰（1208 年）追封英惠侯，理宗宝庆丁亥（1227 年）追封康佑侯，理宗端平乙未（1235 年）追封灵护侯，理宗嘉熙己亥（1239 年）追封正佑公，理宗嘉熙庚子（1240 年）追封冲应真人、妙道真君，理宗宝祐丁巳（1257 年）追封广惠真人，度宗咸淳丙寅（1266 年）追封孚惠真人，恭帝德祐乙亥（1275 年）追封普佑真君等。

这么多皇帝赐封，又有许多漳泉二府的大臣奏请建庙、赐额、为之题碑记，在南宋时期，吴真人的影响已经扩大到整个闽南地区，在闽南人的心目中他已经从人成为神。

明洪武五年（1372 年）朱元璋与陈友谅战于江西鄱阳湖，时狂风大作，太祖的座舰势将翻沉，忽现“吴”字大旗，狂风立息。元璋知是吴真人保佑，即增封吴真人为“昊天金阙御史慈济医灵妙道真君”。民间称“大道公”。

明成祖永乐七年（1409 年）追封“万寿无极大帝”。永乐十七年（1419 年），朱棣文皇后患乳疾久治无效，太医奏曰“此疾只有吴真人能治”，但吴已是神如何得治？成祖即祷告求助，吴真人果真化为道士入朝为皇后治愈乳疾。成祖询问道士居于何处，道士答曰“太祖鄱阳湖助战者灵济真人也”，说完就不见了。成祖感其德，敕封吴真人为“昊天医灵妙惠真君万寿无极保生大帝”。皇后特命雕镌一对石狮以答谢，并派人专程送到慈济宫，称“国母狮”，东西各一只。仁宗洪熙元年（1425 年）追封“昊天金阙御史慈济医灵护国孚惠普佑妙道真君万寿无极保生大帝”。

保生大帝助宋高宗、助明太祖、助明成祖，以后，还有助郑成功驱逐荷夷的种种传说，就是不曾听见真人助异族的。人民群众已经把这尊神和民族意识联系在一起。因此，在历史上，当民族矛盾尖锐化和地方不安宁的时候，对真人的信仰，就更加隆盛。拨开迷信的纱幕，我们可以看到其积极的方面和人民群众的追求。

他生前的事迹既已如此感人，死后无数显灵的传说更加重了人们对他的崇拜，从此一传十，十传百，保生大帝信仰便在闽南

到青礁慈济宫“请火”

广泛地流传开来。

吴真人于是在数百年官民同心崇敬推举下，从神医成为医神，进而成为法力无边、无所不能的保护人民生命安全的保生大帝。

在闽南信仰中，清代中期之前保生大帝是最普遍、信众最多的。这只要查一下乾隆年间的《鹭江志》和道光年间的《厦门志》就清楚了。这固然因为他生于闽南，献身闽南，地缘关系深厚，重要的还在于保生大帝高超的医术和慈悲心怀受到民间的广泛爱戴。每年农历三月十五日保生大帝诞辰日，闽南一带的保生大帝庙宇莫不大举设醮酬神，信众们更扩大敬拜，祈求保佑全家平安，百病不侵。

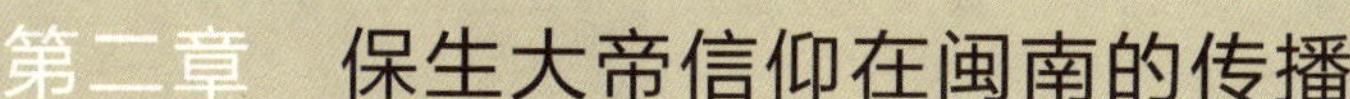

第二章 保生大帝信仰在闽南的传播

第一节 从龙湫庵到慈济宫

吴真人逝世，老百姓十分悲伤，为缅怀纪念他，当地百姓为他立祠祭拜。杨志撰的《慈济宫碑》这样写道：“既殁之后，灵异益著，民有疮疡疾疢，不谒诸医，唯侯是求，撮盐盂水，横剑其前，焚香默祷而沉疴已脱矣。乡之父老私谥为医灵真人，偶其像于龙湫庵。”这说明青礁的龙湫庵是第一个奉祀吴真人神像的庵宇，也是慈济庙祀的肇始。

龙湫庵在今东宫左后侧，景色清幽。庵下左边山谷就是龙湫坑，泉水不断，流经岩壁石罅，飞珠泻玉，石上有“龙湫”二字，其上有“仙鼓石”，击之声如擂鼓，故称“仙鼓石”。其旁还有仙人足迹、仙人扁挑、仙担等等。

龙湫坑畔巨岩壁立，岩隙的古榕盘根错节附于石上，枝繁叶茂，浓荫蔽天，临流歇息，凉爽异常。若坐榕下，击仙鼓吟诗作对，又一难得幽雅清趣。龙湫坑之右有一巨石如椅，石上有一圆臼，为吴真人捣药石臼真迹。游人如骑在石椅上持锤旋药，如入仙境，飘然欲仙。

青礁慈济宫吴真人药臼

“满山草药仙人药，丹井神泉医圣泉”。东鸣岭麓，龙湫坑畔，遍地有草皆药：白花丹、凤尾草、地胆草、威灵仙、黑面神、算盘子、水辣蓼、柳枝、铁线蕨、七层塔、苦楝子、玉叶金花等等，随手可采，这些草药，都是吴真人遗方中所常用的。

溯流而上溪长约里许，泉流蜿蜒或汇成小潭，或弯聚一泓，清澈明净，与两岸林木相映，实在是一处清幽山林美景。吴真人就是相中了这条流泉和山景，毅然结庐龙湫坑畔，采药炼丹施诊，在坑畔磐石上留下他捣药的遗物，那就是直径 35 厘米、深 8 厘米的药臼，系吴真人生前所用。如今已风化剥蚀，足见其年代久远。

龙湫庵之后有口泉井，是吴真人开凿汲水制药用的，井的径深各一米多，长年不涸，水质特别甘洌，是一口优质泉井，井旁石上有“丹井药泉”四字，虽无落款，但从笔迹等推测，年代已相当远了。宋明道年间，漳泉瘟疫流行，真人吸气嘘水以饮病者，起沉疴奇症，即取此泉。该泉历千载不涸，据考察，此井凿于地壳裂纹处，其泉为弱酸性的矿泉水。后世到东宫问病求签，必取丹井之水煎药愈病。

龙湫庵的“丹灶”和“丹井药泉”均系宋代遗物，这是与吴真人有直接关系的实物证据，是珍贵的文物。

世界上宗教的传播，传教士和教堂，软体和硬体是不可分

青礁慈济宫丹井

的。闽南民间信仰的传播，保生大帝信仰的传播也和宫庙的兴建紧紧相连。从龙湫庵到慈济宫，关键的人物就是海沧青礁村历史上一位杰出的人物——颜师鲁。

自宋代以来，直至今日，青礁一直是颜氏聚族之村。青礁颜氏始祖颜慥，字汝实，从永春徙居青礁。弱冠知名，与蔡襄为金石交，读书西湖白莲院，以文章懿行相切。庆历间（1041—1048）蔡襄为郡幕，聘请颜慥任本州教授，与襄唱和交往颇多。颜慥卜居于青礁，后来就在此传家生息，成为青礁大姓。其时青礁这一带文教未兴，颜慥在此开馆授徒，自然先从自家子弟开始，故后嗣多有显者。颜慥教授生徒的地方叫“宋颜教授书室”，即今青礁慈济宫左侧。

据青礁《颜氏族谱》载，始祖颜慥，传至五世，有唐臣、虞臣、舜臣、师鲁、师邹。颜师鲁，字几圣，北宋宣和元年（1119

青礁村颜氏古祠堂—— 开漳堂

年）生，卒于南宋绍熙四年（1193 年），享年 74。嘉泰二年（1202 年）赐祭葬，谥定肃。师鲁于绍兴十二年（1142 年）登进士第，官至吏部尚书，晚年以龙图阁直学士知泉州。绍兴二十一年（1151 年）师鲁倡为吴真人建庙；“岁在辛未，乡尚书颜定肃公奏请立庙”。这时，离吴真人去世已经 116 年了。

青礁慈济宫后山“心”字石刻

新庙选址岐山和龙湫庵之间的东鸣岭下（即今青礁慈济宫址），用地为师鲁的堂叔颜发所献。

岐山在厦门西约 12 公里。登上岐山向东远眺，巨轮点点，海天一色，大担、小担、青屿、鼓浪屿等诸岛屿浮沉在沧海之中，雄伟壮观的厦门特区全景把整个画面点缀得生机盎然，给人以心旷神怡、欲醉欲仙之感。岐山山脊向东微曲而下，旁生两翼，名曰东鸣岭，似雄鹰展翅，掠向大海，故又名鹰山。鹰冠上原有棵古榕树，其形如伞，称为“凉伞树”。山腰一石似心，上刻一“心”字。“心”中一点移在下，或曰：这是吴真人道家思想的体现，心中无半点尘；或曰：大道公普救黎民，消灾治病，不取分文，“胸中无一点儿私心”。

青礁慈济宫木拱结构

东宫就建于鹰嘴之下，鹰之对面约 500 米处，隆起一小山，如龟之背，龟头向上延伸直对鹰嘴，有鹰龟相戏之势，栩栩如生。300 年前，鹰龟之间海港相隔，龟背驮一方巨石，称“印堂石”，又称“雷公石”，当地群众把它叫作“大道公印”。

东鸣岭下的慈济东宫，始建于绍兴二十一年（1151 年），历经元明清，屡次重修，是一座雄伟庄严、飞檐交错的皇宫式古代建筑。原有五殿，今只剩下三殿。殿中还有数十根巨大石柱，其中 12 根石柱上雕刻着盘龙腾云驾雾。有大幅石雕画面，雕刻着历史人物，梁上木雕有狮、象、龙、虎，奇花异草，精工细刻，金碧辉煌，其中最珍贵的是黑底金画。钟鼓楼上的木拱结构形如蛛网，造型独特轻巧美观。其椽子角板的黑白画，独特的颜料配方，蜘蛛虫害不敢入侵。

屋顶上绿色的琉璃瓦，四周绕饰着十条剪瓷雕五彩龙和古代人物，古色古香，精致巧妙。殿中有历代重修碑记。

随后几年，周边的百姓相率集资，在白礁、徐坑（今温厝南）、后山尾先后建起供奉大道公的宫庙。

颜师鲁创建的宫庙，因坐西朝东，初名东庙。白礁庙朝南，称南庙，徐坑庙朝北称北庙，后山尾庙朝西，称西庙。

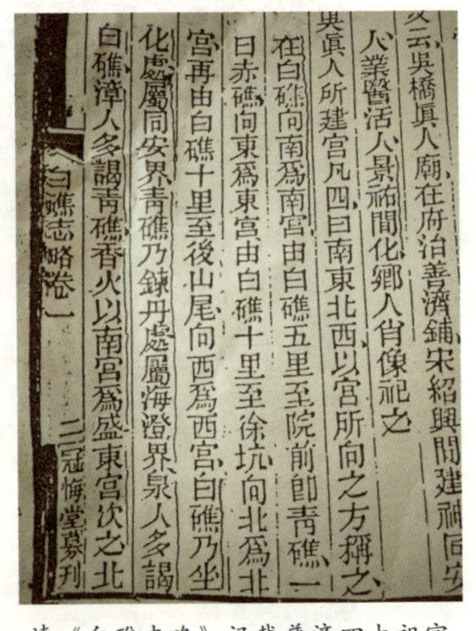
又云吳橋眞人廟在府治善濟鋪宋紹興間建祠同安
人業醫活人景祐間化鄉人肖像祀之
吳眞人所建宮凡四曰南東北西以宮所向之方稱之
在白礁向南爲南宮由白礁五里至院前即青礁一
曰赤礁向東爲東宮由白礁十里至徐坑向北爲北
宮再由白礁十里至後山尾向西爲西宮白礁乃坐
化處屬同安界青礁乃鍊丹處屬海澄界泉人多謂
白礁漳人多謂青礁香火以南宮爲盛東宮次之北
《白礁志略》卷一
三冠悔堂募刊

清《白礁志略》记载慈济四大祖宫

乾道二年（1166 年），颜师鲁面奏皇上，赐额“慈济”，称慈济庙。淳熙十二年（1185 年），师鲁的堂兄“颜唐臣率乡大夫与耆老彻旧而新之”。

南宋理宗对大道公情有独钟，六次封赐，是封赐大道公最多的皇帝。嘉熙庚子（1240 年）刚刚赐封妙道真君，第二年淳祐元年（1241 年）皇上又想起，下旨升庙为宫，称慈济宫。从此闽南民间称青礁慈济东宫，白礁南宫，温厝北宫，后山尾西宫。这些在《白礁志略》有清楚的记载。后来，白礁怎么变成西宫，好像也没人考证。

南宋名臣、理学家真德秀嘉定间、绍定间两度出知泉州，曾四次以地方长官的身份率其部属前往白礁慈济宫例行春秋祭典，还有一次为民患痢而特祭祀告。五次拜祭的祭文均辑入《真西山文集》中。可见，自宋代，地属泉州府同安县的白礁慈济宫就成为泉州府官祭之地。地属漳州府的青礁慈济宫成为漳州府官祭之地。是否泉州府奉白礁为祖宫，漳州府奉青礁为祖宫，而白礁在西，青礁在东，便将温厝、后山尾两座宋代宫庙给忘记了？

青礁慈济宫　（东宫）

元大德四年（1300 年）乡贡进士、龙江山长、南胜（今南靖）县尉颜贵来，发起重修东宫。如今东宫后殿奉祀的三尊颜氏先祖像就是始祖颜慥、立庙人颜师鲁、重修人颜贵来。

明代，吴真人承圣上多次追封，青礁慈济宫亦多次重修，可惜均没有立碑记录。

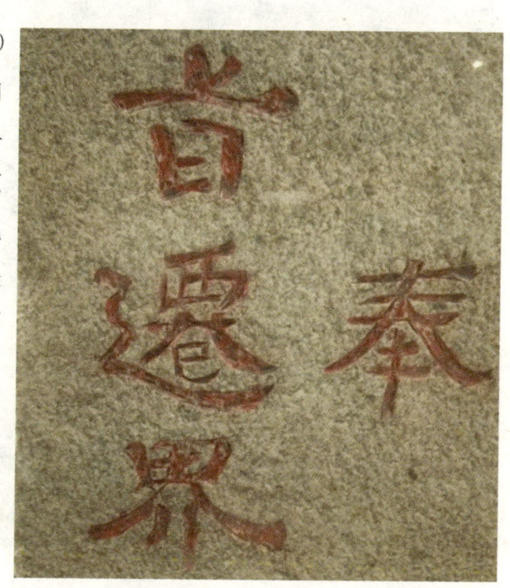

1991 年从马巷陈氏宗祠挖出的清代迁界碑

清初，清政府执行

“迁界”政策，虚沿海30里不得居留，以封锁郑成功，造成东宫因“辛丑播迁，庙成荒墟”。康熙二十二年（1683年）施琅收复台湾，迁界结束，民众返回原地。至康熙三十六年（1697年），颜氏裔孙颜仲、颜英发起重修东宫，得到吧国（今印度尼西亚）甲必丹郭天榜、林应章等慷慨捐输，使东宫“焕然一新”。

其后，嘉庆十九年（1814年）、咸丰四年（1854年）、光绪二十二年（1896年）均进行重修，特别是光绪朝这次重修，工程浩大，得到国内外众多善信的捐助，耗银27109元，仰光盾4232盾，为我们留下了清代辉煌的宫庙建筑。

1949年以后，东宫又因日久欠修，后殿坍塌，前殿也几成危楼。至20世纪80年代，改革开放，厦门创办经济特区，中断多年的厦台往来得以恢复。1989年台湾台中市元保宫赖焕樟为首的管委会捐资重建了后殿，1991年又捐资重修了前殿和中殿，

青礁大殿前宋代石狮

使东宫焕然一新，并保持了清代闽南宫庙建筑的原貌。

1996 年，台湾保生大帝庙宇联谊会会长、台中市元保宫管理委员会主任赖焕樟先生，屏东县佳冬乡海埔万寿宫管理委员会主任吴传辉先生倡捐重建了龙湫庵。该庵占地一千多平方米，为三重檐歇山顶结构，十柱回廊，剪黏彩绘，石柱蟠龙，门蹲石狮，金碧辉煌，古朴壮观，与东宫交相辉映。

2005 年，海沧区政府拨出巨资，在东宫和龙湫庵中间建造保生慈济广场。该广场由五部分组成，即：六柱五门特大牌坊；坊后为 5000 平方米的大广场；紧接 811 级花岗岩石阶，寓意纪念吴真人羽化 900 多年，东宫建庙 800 多年；石阶两旁立以华陀、张仲景等 32 尊我国历代名医的花岗岩雕像群；石阶直达东鸣岭巅，由海沧区商会企业捐资 240 万元人民币，延名师雕一尊高 19.88 米的花岗岩吴真人立像，矗立岭巅，20 里外就能见到其雄伟的身姿。

青礁慈济宫山门

吴真人像、名医群像、长石阶、大广场和大牌坊，与东宫、龙湫庵组成了气势宏伟的保生大帝朝圣地。

东宫八百台阶与保生大帝雕像

宋代，与青礁慈济东宫几乎同时修建的慈济宫还有白礁的南宫、徐坑的北宫、后山尾的西宫。这四座慈济宫被奉为保生大帝四大祖宫。历史上规模较大，影响广泛的是后来被称为东、西宫

的青礁、白礁慈济宫。

白礁慈济宫（西宫）

北宋太平兴国年间，漳州领有龙溪、漳浦、龙岩、长泰四县。青礁即属龙溪县，至明世宗嘉靖四十五年（1566年）明政府于龙溪靖海馆设置海澄县，青礁划归海澄之三都。1958年青礁划归厦门市海沧镇。白礁，位于同安县西60里之积善里，历来属泉州同安县管辖，1957年方划归龙溪县。1960年龙溪、海澄二县合并为龙海县，白礁便属于龙海县角美镇。

白礁慈济宫原本香火最盛，泉州府所有保生大帝宫庙皆来此进香。而漳州府所有保生大帝宫庙皆来青礁进香。1958年行政区划调整，而民间百姓进香却还是按传统而行。

白礁慈济宫位于白礁村，即保生大帝的出生地，为泉州府海内外信众奉为保生大帝的祖宫。1996年被国务院列为全国重点文物保护单位。

白礁慈济宫

白礁慈济宫始建于南宋绍兴二十年（1150 年），和青礁慈济宫一样，康熙年间的迁界使闽南沿海宫庙无不被毁，沿海 30 里的宫庙都是施琅收复台湾后才慢慢重修的。加上闽南大厝都是木结构，海滨又潮湿高温，数十年总要重修一次。现今的白礁慈济宫，是 1989 年由台湾保生大帝庙宇联谊会会长周大围等在台湾组织发动筹募人民币 120 万元，金箔 35 张，再加上白礁村民和闽南信众的同心努力重修的。

白礁慈济祖宫建于白礁村内的小山麓，占地总面积 5000 多平方米，建筑面积 1915 平方米。整座建筑金碧辉煌，依山递高，层楼叠展，雄伟壮观。中轴线上自西南而东北依次为前殿、天井、月台（祭台）、正殿、后殿。天井两侧为双层钟、鼓楼。前殿为二层楼阁式，单檐歇山顶，上覆红色板瓦和琉璃瓦。五门式，一层面阔十一间，进深三间。二层面阔五间，进深三间。上层用木柱，下层用花岗岩石柱支承，梁架抬梁式，门廊有竖六根青褐色花岗岩雕蟠龙石柱。正中门两侧有紫铜色石狮一对。左右两侧方形石柱四根，左边刻题“慈心施妙法，济众益良方”，右边刻题“保我德无量，生民泽利畏”的竹

白礁慈济宫长廊龙柱

叶形对联石刻。

天井中有由上下双重须弥座构成的石砌月台，上刻“飞天乐伎”“双狮戏球”等浮雕纹饰。台上雕制着前置蹲踞状石狮一只，因是皇太后祭赠，称“国母狮”。狮的右前肢举握一方印，印上阳刻冠服饰的服款（“十二章”纹饰的衮服款式之最后一种），“亚”字纹饰符号，均为宋代雕刻。据著名文物专家单士元、郑孝燮、杨伯达先生鉴定，这些雕刻均出于南宋绍兴年间民间巧匠之手，显示宋代高超匠工的工艺美术水平。月台前有一水井，称“龙泉井”。宫外左右两侧有宋代水井各一口。

国母狮

正殿台基高于前殿台基两米，单层宫殿式，重檐歇山顶，面阔五间、进深三间。正中间殿顶木架结构为如意藻井，斗拱出五跳。次间用梁架抬梁式，斗拱均不出跳，有昂傲象鼻

龙泉井

状。走廊有竖四根青褐色花岗石雕蟠龙石柱。

后殿更高于正殿，结构较简单，单檐歇山顶，面阔五间，进深三间，前有长方形天井。

钟、鼓楼均为重檐歇山顶楼阁式，楼顶木架藻井结构，用木斗拱出跳承托。整座慈济祖宫的建筑结构集宋以来历代建筑风格艺术之大成，有“闽南故宫”之称。为我国研究历史古建筑结构，艺术发展提供了重要的实物见证。

在白礁宫内，吴真人神龛的右边陪祀有东圣侯、太上老君、张圣者，左边陪祀有西圣侯、三将军、先生公。据说东圣侯、西圣侯是当年建筑慈济祖宫的监工钦差大臣。在正殿左右两侧还配祀三十六神将，其右侧十八神将为：康元帅、提大将、辛元帅、枷大将、马龙官、江仙官、刘圣者、马伽罗、张圣者、王舍人、李仙姑、必大将、何仙姑、纪仙姑、二郎神、五骑官、文天师、直扶使者。左侧十八神将为：赵元帅、杨元帅、食鬼大将、殷元帅、倒海大将、闻元帅、缚大将、王元帅、锁大将、王灵官、黄仙姑、连圣者、虎伽罗、肖圣者、康舍人、龙大将、托塔天王、陶天君。

在后殿正中神龛配祀吴真人父母神像。在圣父圣母神龛左边陪祀有观音、千手观音、善才龙女、韦陀护法、王公、大妈婆、大使公，在右边有注生娘娘等各种神像的配祀。

慈济北宫

海沧徐坑的慈济北宫始建于南宋绍兴二十七年（1157 年），香火最鼎盛是明永乐十年（1412 年）至明永历五年（1651 年）。时有现龙海市步文镇的梧桥、塘边、午路、西坑、金地头、乌石、景山、埔山、埔尾、漳宾、浦口、后店、樟山、龙头社等 14 个自然社每年都来谒祖进香，还有龙海市港尾镇的白沙、格林、沙坛、考后、海门等地的香阵等。

清顺治十七年（1660 年），郑成功为收复台湾制造战船，借拆北宫部分木材，并许愿复台后要回来重建。1661 年 3 月郑成功收复台湾，8 月清王朝实行迁界，强令沿海 30 里内及所有岛屿居民迁往内地，将北宫焚毁。

康熙二十二年（1683 年）施琅收复台湾，内迁乡民返回故里，至二十五年（1686 年）由温厝、赤石、宁坑、长园、肖坑、马垄、徐坑、南山、东都尾等乡民信众，集资重建北宫。后于雍正七年（1729 年）、道光八年（1828 年）、道光十三年（1833 年）、道光十八年（1838 年）多次修葺装饰。徐坑、南山、东都尾后来因各种原因或废或并，仅剩前六社，民间亦称北宫为六社宫。现今宫庙所在地为温厝社区。

蓝天映衬下的慈济北宫

温厝慈济北宫庙宇分为三殿，占地面积 3663 平方米。主殿供奉保生大帝及中医祖师孙思邈孙真人、许慎许真人，连同吴真人，合称三真人庙，在台湾地区以及海外皆有诸多分庙。

慈济北宫供奉吴本、孙思邈、许慎三位真人，俗称三真人宫

抗日战争初期北宫被日机炸毁。1958 年北宫遗址被垦为农地，石碑盖猪舍，龙柱被作为骨灰室支柱，石刻、石雕等构件散落附近村庄，石狮被偷窃，不知所踪。

1990 年，台湾保生大帝庙宇联谊会周大围会长、赖焕樟会长多次到北宫遗址考察，倡议重建慈济北宫，台湾屏东林德胜先生当场捐款人民币 12 万元。

慈济北宫道光八年、十三年、十八年三方碑刻

北宫留存文物——梭形石柱

北宫留存文物——高浮雕下山虎

北宫存留的清代雕刻“合境平安”

1994 年，成立以程乌为理事长的慈济北宫理事会。在各方支持下，加之港澳台胞及本地乡民热心捐助，慈济北宫于当年 6 月动工兴建。1995 年中殿竣工，2002 年后殿落成，2006 年前殿建成。三大殿皆为钢筋水泥建筑，存有清道光八年（1828 年）、十三年（1833 年）《慈济北宫碑记》和道光十八年（1838 年）《重修北宫碑记》各一方及历朝历代所遗龙柱、柱础、石雕等石构件。

占地 3 万多平方米的温厝公园围拥重建后的北宫，山门高大，气势非凡，三殿依山，层层而上，背靠公园小山，面朝港口大海，厦蓉高速横亘眼底，绿树成荫，清风徐来，香火日盛，人脉日繁。戏台横座，面对主宫，场地开阔，人神同乐。

到北宫进香的阵头

重建北宫之后，台湾彰化、台中、台南、嘉义等地之慈济宫及新加坡真人宫、马来西亚槟城保安宫等不断组团前来朝拜。

北宫理事长程乌与前来进香的台湾宫庙信众

南宫在海沧后山尾，毁废多年，村民也曾议过重修，终因种种原因作罢。

海沧奉祀保生大帝的除了这四大祖宫，几乎每个村社都有香火。影响较大的是海沧沧江古镇的瑞青宫。

瑞青宫

沧江三都瑞青宫，位于海沧区海沧街道海沧村大路头65号，地处老海沧（现海沧街道）东头山之西。瑞青宫始建于明代，有清道光二十三年（1843年）、清光绪十八年（1892年）两方重修的石碑记载保存，其中一方为闽台名士吕世谊亲撰亲书。供奉的神明是宋代名医吴真人——保生大帝。沧江三都瑞青宫统管三都（现海沧街道所辖区域，古名为“漳州府海澄县三都”）一带的香火，为三都的境主宫。

海沧古镇紧邻以林姓居民为主的锦里村。锦里林氏宗亲主持并参与了瑞青宫始建及历次修建。根据《林氏族谱》记载，自明朝末年以来，海沧大量的林氏裔孙迁徙到台湾，至目前为止，其人数多达万人。林氏裔孙过台湾，按照闽南习俗，要随身携带境主宫香火、祖宗牌位、族谱，这样瑞青宫保生大帝的香火就被请到了台湾，建立分庙或将祖宗牌位、族谱供奉于宗祠。

锦里林氏馨德堂有一块“台南一峰亭林氏”立碑，记载了台湾林氏后裔前来祭祖的情况。早在康熙三十二年（1693年），锦里林氏四房十二世林登榜前往台湾开基，定居于现台南市、屏东县一带。其子林朝英为台湾艺术史上著名的书法家，独创“竹叶体”书法。林朝英号梅峰，又号一峰亭，故台湾林氏后裔以“一峰亭”林氏自称。1989年、1990年、1992年，台湾一峰亭林氏族长林碧凰率团三次前往馨德堂祭拜先祖，同时朝拜瑞青宫，并赠送“数典不忘”牌匾，以示不忘本源。台北中和林氏敦本堂、宜兰林氏追远堂都是海沧林氏裔孙所创建，并多次组织林氏宗亲

回乡祭祖，到瑞青宫朝拜进香。

瑞青宫是两殿式加护厝的宫殿，宫前场地开阔，又有常年荷花茂盛的大池塘相连接，气派宏伟。宫正门两侧两根盘龙石柱浮雕栩栩如生，宫内石柱、木柱记载着吴真人伟绩与慈善诲语。宫内建筑造型典雅精致，屋顶剪黏别致。每年农历五月，瑞青宫一年一度的保生大帝大型祭祀活动，成了两岸信徒和民众的一大盛事，请神分灵、进香祈火、绕境巡游，特别是乩童穿戟站辇轿随香阵行进、蜈蚣阁等祭祀仪式都充满了浓郁的闽南风俗特点。

厦门沧江三都瑞青宫

第二节　同安的保生大帝宫庙

保生大帝是同安白礁人，在同安行医济世最多，同安供奉保生大帝的庙宇也是最多的。同安著名的文史专家颜立水曾撰文介绍同安区“天、地、人、和、协”五坛真君——洋坂天坛真君、岳口地坛真君、溪边龙虎宫人坛真君、铜鱼馆大道宫和坛真君、驿路西亭宫协坛真君。“五坛真君”分镇县城五方，和心协力，永保县城固若金汤，黎民安居乐业。

一、 天坛真君

天坛真君在大同街道小西门外的朝元洋坂村，称天坛宫或洋坂宫。庙为二进，始建年代未详，现有清嘉庆二十四年（1819年）“威灵显佑”匾额一方及咸丰元年（1851年）修庙捐银记事碑一方，1998年重修。真人神像穿五爪（张开）黄龙袍，是位至尊神像。据石碑记载，真人神像原在朝元观前殿，被洪水冲到洋坂村，村人拾奉，真君乩示，欲居此址。后林君献地，四方善信，踊跃输资，包括闽粤总镇府和山东总镇府也各捐银12元。于是庙宇“不日而成，美奂可歌”。

同安朝元观

同安朝元观是闽南一处历史悠久的道教宫观，始建唐代，南宋嘉熙二年（1238 年）琼州安抚使谢图南拓建，元初被毁。明洪武五年（1372 年）道士陈一宇于故址建玉皇殿，越 10 年林嗣真建三清殿。至永乐年间，形成一组自前至后由放生池、棂星门（外山门）、朝元门（内山门）、元坛宫、月台（俗称八卦地）、三清殿、雨庑（二十八宿）、玉皇殿等组成的建筑群。据洋坂宫清代石碑载，真人“明时现真救世，永乐封为万寿无极，邑人遂塑尊像祀于观中”。由此可见，朝元观主祀玉皇上帝，但在明代永乐年间形成规模时，也在前殿奉祀保生大帝。现前殿（即朝元宫）基本保留明代的建筑风格，尚有宋代石香炉、明代石碑记和清代石龙柱等文物。1992 年台北县板桥市叶先生集资修复三清殿和玉皇殿，这组新旧建筑群已由当时同安县人民政府列为文物保护单位，2001 年又被厦门市人民政府列为涉台文物古迹。

二、 地坛真君

地坛真君在城东郊岳口东岳行宫之左，称岳口真君庙，漳州府至泉州府古道驿道过此。庙为三进，后进为后释宅，厝后有凤冠榕树，前有山门、石埕，右有清代乾隆年间构筑的龙泉石亭。庙为南宋始建，代有维修，现庙中有清乾隆三十五年（1770 年）福建水师提督吴必达书题的“鸿钧再造”和同安参将秦中沈的“圣德广被”两幅匾额，1993 年修葺，有道士为善信写诉打醮。

据《同安县志》载：“唐，薛令之建东岳行宫”。薛令之原籍长溪（今福建省福安市），唐神龙二年（706 年）进士，是福建第一个以诗赋登进士第的读书人。他原为东宫太子李亨的老师，因在东宫壁上借宫苑苜蓿题写不满教书穷苦生活的讽刺诗，被唐玄宗婉辞。薛令之称病返梓后从居同安嘉禾里薛岭（今厦门市禾山），人称“北薛”。公元 740 年至 755 年间，薛令之创建东岳行宫，主祀东岳仕圣大帝。东岳行宫经历代增修扩建，形成一组规模宏伟的建筑群。明清时期道佛合流，东岳大帝与地藏阎罗合祀，民间则视东岳庙为地府，故附其旁之真君庙称地坛真君。20世纪60年代修造福（州）厦（门）公路时，东岳行宫全被拆除，真君庙幸被保留，1993年邑人曾海泳、曾华灿父子于真君庙之右重建阎罗殿和康元帅殿，1998年又重建东岳庙。现在新古庙宇并列，凤山又添新景。

三、 人坛真君

人坛真君在城区南门外溪旁龙虎宫。龙虎宫原名碧溪殿，明嘉靖年间郑晚丁（号碧溪）之曾孙郑汝霖、郑汝楫兄弟倡建。清代乾隆年间邑人吴必达修缮并建山门，并以“虎奋龙骧”之地易名龙虎宫。吴必达字通卿，号碧涯，县城溪边人，雍正八年（1730年）武进士，官至广东全省水陆提督军门调补福建水师提督军门带管澎台水陆官兵。他自称是吴真人“宗孙”，又是乾隆皇帝的亲信。乾隆三十一年（1766年）入京陛见，随驾谒东陵，乾隆皇帝为其母王氏91寿辰御书“萱寿延祺”圣匾并在龙虎宫之左前侧树立牌坊，现溪边“提督衙”保留九龙蟠绕的“萱寿延祺”楠木匾额。因此，吴必达在地方上力倡“真人信仰”，在岳口真君庙有其书题的“鸿钧再造”匾，洪塘康浔兴龙宫也有其书题的“保民若赤”。而龙虎宫至今保存除“碧水钟灵”匾外，尚有一副他题撰的木刻抱对，上镌“怀保众生喜民物恬熙大哉德洋恩博，默持多士瞻风云际会允矣虎奋龙骧”。相传吴必达还在吴真人家乡白礁购置田业作为祖庙的香火费，因此龙虎宫每年三月十五日上白礁“请火”不必再添香油钱。

龙虎宫为石浔进县城过道处，宫口早时为通往金门、台湾、厦门、石码、泉州等地船舶的停靠码头。因此百姓杂居，商贾云集，龙虎宫也就成了民间多种信仰的朝拜场所，致使道、儒、佛诸神并祀。山门供祀崇山神和土地，而且神像脸部朝内，相传是吴必达所定，寓意是庇佑外出商人早日平安返乡。中殿主祀保生大帝，左右配祀天上圣母和水仙尊王（包括屈原、禹帝、项羽），后进主祀先圣大儒（包括朱熹、孟子、孔子、魁星），左右安置沮诵圣帝和仓颉圣帝神位。右边释仔宅则供奉三宝佛祖和南海观世音。此外，还有由金门分炉的厉府王爷（即唐代张巡，原为石浔海埭村“儒林”张姓祖王），反映了金、同两地的神缘关系。

同安龙虎宫

四、 和坛真君

和坛真君在城区铜鱼馆东、西溪合流的双溪口，称铜鱼馆大道宫，始建年代未详，但其建筑年代下限最迟在清代乾隆年间。现宫中保存有乾隆二十二年（1757 年）里人苏超德书题一副木刻抱联，上刻“大德好生诒福捍灾觉通灵并开金匮，惟神相宅环山汇水保黎赤永奠铜鱼”。并有嘉庆十一年（1806 年）乡饮宾曾观化书题“大德曰生”匾额及咸丰八年（1858 年）一座镌有

“香雾呈祥”的石香炉。信众遍布我国台湾以及新加坡、马来西亚、泰国等东南亚地区。

庙为二进，“文化大革命”期间用作沙砖石仓库，1989年由台湾、香港等地乡亲集资翻建，同时于此建设双溪公园，购置儿童及老人娱乐活动设施，1991年11月列为同安县文物保护单位。该庙建筑面积131平方米，1994年又建释仔宅，作为老人协会活动场所并有老人“歌仔阵”和“车鼓队”阵头，又于真人诞辰之日，组织名医义诊，弘扬真人精神，社会效益甚佳。

铜鱼馆大道宫处东、西两溪汇流处，早时溪港俱深，船只于此停靠，士、农、工、商上岸后行拜吴真人，而后沿科甲巷至南门内天后宫朝圣银同妈祖。相传吴真人神像由台湾所产楠木雕成，说明铜鱼真君神缘广远。

五、 协坛真君

协坛真君在城区西门驿路西亭宫。同安于五代十国闽王龙启元年（933年）实施县治，迄南宋绍兴十五年（1145年）知县王轼创筑县城并分驿道，其址在西门（丰泽门）而称西驿，立庙灞上为县城西镇。据道光八年（1828年）修补知县陈绍谦“辟西街西亭外庭”文字记述：“庙之后殿，原祀西方圣人观世音大士，宝庆元年（1225年）始崇祀保生大帝于中殿。”按目前同安区（包括翔安）所有80多座保生大帝庙宇有文字可考者，西亭宫则是最早供奉保生大帝的宫庙。嘉庆二十三年（1818年），西亭宫重新募购右边民舍，拆为禅堂，“店屋后塑帝君宝像，俨然如生，重明训以发聋瞶，施灵药以疗疾疫”。道光八年，“帝君乩示，使辟地为庭”，四方善士，喜捐兴助，两边环以石栏，左右建二华表，地气舒畅，民咸欢休。“文化大革命”“破四旧”，神像被毁，原有一副石柱镌有“西驿建西亭即此西方圣地，白礁立白鹤相白日升天”的联对，惜已不存。一对蟠龙石柱于1982年征集到梵

天寺保护，另一副方形石柱镌有同安知县阳继芦题撰的楹联“派衍延陵庙建西亭昭祀典，术精内景神符东岱保生灵”，这对石柱已运到孔庙博物馆陈列。西亭宫先是作城关镇（公社）办公场所，后作大同商场，1994 年旧城改造时全部拆除。

“天、地、人、和、协”五个坛位真君，分守县城五个方位，可见古代百姓对和谐社会的祈求。其中人坛真君（溪边龙虎宫）、和坛真君（铜鱼馆大道宫）又在临溪码头，说明真人除有“救死扶伤”医灵外，还有卫城、护航的神威。由此看出民意对真人信仰功能的扩大和延伸。

除此之外，同安奉祀保生大帝的著名宫庙还有以下几座。

西柯镇瑶头村的大元殿，又名延福堂。明户部郎中林挺倡建，主祀真武，配祀保生大帝。清康熙间靖海侯施琅捐俸重建。康熙四十四年（1705 年）、乾隆二十四年（1759 年）先后重修。庙为三进，前有照墙，规模宏伟，保存完好。有同治八年《大元殿重修记》碑一方。

大同镇古庄村灵鹙堂。清咸丰三年（1853 年）建，光绪二十四年（1898 年）华侨卢国栋重修，奉祀吴真人。庙宇曾拆毁，1988 年冬重建。庙为二进，重建后美轮美奂。左建平屋，为老人俱乐部。有光绪二十四年《重修灵鹙堂志》碑刻及卢国栋等人敬立、张瑞图所书“真人所居”匾额一方。

新店镇刘五店龙腾宫。庙宇负山面海，始建年代未详。清乾隆间维修，塑奉吴真人像。《同安县志》载：“其神赫耀、有祷必应”。庙为二进，曾被毁，现已修复，有青石精雕蟠龙石柱一对及乾隆五十六年（1791 年）雕造白石狮子两只。

新圩镇古宅村龙诞庙。在北同安通泉州古道口桥头，始建年代无可考，奉祀保生大帝。庙为二进，基本保存完好，1981 年当地侨胞捐资修葺。有光绪六年（1880 年）木雕香炉一座，口

刘五店龙腾宫

径51厘米，铜钟一口。

大同镇霞露街妙建庵。处同安往漳州古道口，为官府往来憩息之所。明末始建，清道光年间重修，后殿祀观音，中殿祀保生大帝。庙为三进，保存完好。大门有明崇祯六年（1633年）张瑞图题书“妙建庵”匾额，还有清道光间浙江提督李廷钰、书法家吕世宜题写的石柱楹联

同安妙建庵

多副。

西柯镇下头山村奇江亭。庙建于乾隆年间，祀保生大帝。庙为单进，保存完好，有乾隆五十六年（1791 年）“大德耀灵”匾额一方。

新店镇洪厝村武德宫。乾隆二十年（1755 年）建。据《同安县志》载：“祀吴真人，其神甚灵”。庙为二进，崩毁，仅存遗址。旧址现建一小庙，供善信朝拜。

集美后溪镇后店村的兑山金鞍山寺，又称“后山宫”，始建于明永乐年间，清代重修，1959 年毁于台风，1986 年马来西亚槟城李氏族人捐资重建，1992 年台湾保和宫捐资重修。清康熙年间，兑山李氏族人迁居台湾芦洲，带去该寺保生大帝、妈祖及池王爷香火，建成保和宫。1998 年，台北芦洲李氏族人开始回乡寻根。

兑山金鞍山寺

第三节　厦门的保生大帝宫庙

明末清初，本为同安嘉禾里的厦门岛因港而兴，福建水师提督、兴泉永道、泉州海防同知纷纷在厦门开府建衙，华侨洋商、郊商郊行齐聚厦门，各种宫庙自然也纷纷落成。其中不少奉祀保生大帝。

厦门重要的或比较活跃的保生大帝宫庙现介绍如下。

濠头濠沙宫

濠头社位于狐尾山北麓，濒临厦门岛西海岸，三面环山，西部靠海，南接东渡社区，东北分别与仙岳山仙岳社区、湖里南山社区相邻。濠沙宫位于濠头社北部，始建年代不详，20 世纪 80 年代重修。

2001 年易地重建。新建的濠沙宫由原来 69.6 平方米扩大到

台湾保生大帝信仰总会到濠头濠沙宫进香

93.5平方米，为二进三川殿硬山顶典型的闽南风格的宫庙建筑，双燕尾翘脊，中有天井。宫前立有清代四角大石香炉。

濠沙宫供奉保生大帝、天上圣母妈祖。左右侧分别供奉注生娘娘、土地公的神位，还附祀有哪吒三太子、虎爷、关平、周仓等神祇。濠沙宫每年正月十五上元节组织信众上香祈福；三月十五日前到青礁、白礁保生大帝祖庙请火，并在社境举行巡安；三月二十三日前到何厝顺济宫请火，并回全社巡安。十月十五日在本宫做平安醮，十六日全社巡安。

目前，濠沙宫正在重修，主任委员叶开放为现任厦门市保生慈济文化研究会的会长，对推动两岸民间文化交流贡献颇多。

湖里凤和宫

原湖里社一带低洼多湖、修竹丛生，故称为竹坑湖社；因地形如飞凤，又称凤湖社。新中国成立前属于思明县二十四都竹坑保，新中国成立后属于厦门市禾山区湖里乡，公社化时属于郊区前线公社湖里大队，现在属于湖里街道办事处湖里居委会。

这里是厦门杨氏开基地，相传杨氏从祖籍河南迁入至今已有七八百年的历史，其灯号四知堂，后又分支霞阳村。抗战时期厦门沦陷，湖里杨氏五家等逃往菲律宾马尼拉，多为经商；也有往新加坡者，多为劳务，也不乏巨富。

凤和宫是湖里社自然村唯一的民间信仰宫庙，始建于嘉庆二十一年（1816年）。原在湖里社后山，1932年遭受白蚁损坏，年久失修濒临倒毁，村民倡议翻建，但资金不足，只好先将宫中神明奉于简易工棚供奉，1966年被毁。

1979年，凤和宫由菲律宾华侨和新加坡华侨集资重建于上顶浦仔顶，坐东朝西，建筑面积40平方米。1990年湖里居委会成立老人协会与凤和宫保护历史文物管理委员会，在海内外华侨、本社乡亲及各界人士的热心支持下，重新翻建凤和宫，建筑面积99平方米。

新宫坐东朝西，二进三开间，单檐硬山燕尾翘脊，画栋雕梁，十分精美。前殿与正殿之间有拜亭，两边各有耳门。屋顶剪黏彩雕，有青龙，有古装人物，十分精致。

凤和宫主祀天上圣母、保生大帝，配祀有中坛元帅、哪吒、朱神童、姜神童、千里眼、顺风耳、虎爷、注生娘娘和阎罗天子十王公，香火颇旺。每年有六次神诞活动：农历正月十五上元天官大帝圣诞，三月十七保生大帝圣诞，三月二十三天上圣母圣诞，五月初二保生大帝成道日，八月十三朱、姜神童圣诞，九月初九中坛元帅千秋日。每逢这些节日都要请戏来谢神明。

凤和宫的负责人杨永成，是首任厦门市保生慈济文化研究会的会长，在推动两岸和海外的民间交流方面曾做出许多成绩。

保生慈济文化节暨凤和宫重光二十周年庆典

美仁前社美仁宫

美仁宫地处厦门市区，坐落当年美头山南麓山脚。据说明朝洪武初年鹭岛异常荒凉，瘟疫滋生，百姓多灾多难，纷纷渡海前往白礁慈济祖宫祈求保生大帝恩赐神方，有求必应，救民救世。百姓感其恩德，尊称其为“恩主公”。当年求得恩主公保生大帝恩准从白礁慈济祖宫分灵并择地于美头山，即当今美仁前社建起美仁宫。

美仁宫始建明朝洪武四年（1371 年），迄今 600 余年。原有两落皇宫式的殿宇，雄伟、雅致。大殿正中奉祀恩主公保生大帝，其背后雕刻精美的木神龛供奉妈祖婆天上圣母。宫宇布局奇特，宫左右墙面记载着吴真人救世概况。有明初大石香炉一座，有长方形石碑一块，具有文物价值。宫后有一块半圆形大石头，称蜘蛛穴，50 米左右，据说蜘蛛吞食蚊虫，所以从前美仁宫无蚊虫。

美仁宫外面有个美人镜，凡是路过的女人总爱照一照、笑一笑，成为民间传说。“文革”中美仁宫被占，拆建楼房。2003 年 4 月人民政府将原旧宫址所建楼房拨还两间，作为美仁宫延续庙祀。后善信捐资重建宫宇，面貌焕然一新，宫大门有大石狮一对，大香炉一座，熠熠生辉。神明重塑金身，众信善心灵有所寄托。

文灶豪士宫

豪士宫位于文屏路 1 号，始建于明朝。豪士宫原称真君庙，康熙二十七年（1688 年）塑助烈侯，俗称面线王于庙左，雍正七年（1729 年）华侨募款兴建后殿，供奉面线王。清光绪十一年（1885 年），华侨出资重修真君庙，改称豪士宫，供主神保生大帝。

1997 年翻建为三开间二进硬山顶建筑，前殿为三川殿单檐硬山燕尾翘脊，绿色琉璃瓦顶。前殿四根花岗岩蟠龙石柱，圆形石花窗、石虎堵、麒麟堵和青石石狮，都是早年宫庙旧物。中间供奉弥勒佛，两边供奉四大金刚。

文灶豪士宫

正殿供奉西方三圣佛，左侧供奉护法韦陀，右侧供奉关帝。正殿与后殿之间有天井。后殿为单开间，两边为厢房。后殿正中供奉大恩主（保生大帝）、二恩主、三恩主，前列是妈祖婆，左右两侧是哪吒和虎爷。左侧供奉面线王，右侧供奉注生娘娘。每年正月初十是面线王圣诞，三月十五是保生大帝圣诞，三月二十三是妈祖婆圣诞，都要依古礼醮酬神。每年农历十二月初八日至初十日举办尾敬活动。

薛厝龙兴宫

薛厝龙兴宫坐落于湖里区徐厝小区，原宫址在薛厝社的西北部。龙兴宫至少已有200年的历史，主神供奉保生大帝、妈祖、帝公祖（东岳帝王黄飞虎）、王祖（池府王爷），后殿左右侧供奉注生娘娘、阎罗天子，长案桌上供奉虎相公、中坛元帅哪吒，是薛厝社及周边群众顶礼膜拜的神明。每年的神诞节日，全薛厝社以及周边信众都要备办龟果香帛到龙兴宫朝拜，香火十分兴旺。每年的正月初五到白礁、青礁进香请火，三月二十八的前一个星期天到古楼进香请火。

龙兴宫于1998年农历六月拆迁重建时，面积91平方米，宫前建一座110平方米的戏台，在宫的左边建一座高达5米雄伟壮观的山门，大榕树下巨石上有“翠盖云根”“净化心灵”“朝圣”等摩崖石刻。龙兴宫与戏台之间是一片300多平方米场地，演戏时可容纳上千名观众，平时供小区中老年人晨练、跳舞，成为小区群众休闲活动的好去处。

薛厝龙兴宫

吴厝巷寿山宫

厦门寿山宫始建于明永乐十四年（1416年），坐落于鹭岛中华社区吴厝巷19号，主奉保生大帝、妈祖、观音菩萨、城隍爷、伽蓝菩萨诸神，至今存有明万历三十六年（1608年）古香炉。“文革”时被拆建为三层楼房。

中山路南寿宫

南寿宫于明末清初就已存在，距今已有近400年的历史。大约20世纪20年代拆厦门古城墙时，印度尼西亚林氏华侨来厦购买南寿宫，欲将其拆建为第一市场时，才另造二层楼房一幢来供奉南寿宫的神明，也把四大将的旧金身雕塑移至二楼，供善男信女供奉。

1943年，四大将托梦于当时厦门知名人士辛玉琼，要求重塑金身、重修庙宇，因此由辛玉琼出面雇请雕塑艺人，重建四大将的金身安置于楼下，并重修庙宇，从此南寿宫香火逐渐旺盛。二楼作为金华阁南乐社的活动场所。

“文革”时，南寿宫再次遭到灾难，宫内的各种神明塑像全被拆除一空。改革开放后，由金华阁南乐社出面，多方努力争取，终于在1982年房管局把产权归还给南寿宫管理，由此二楼金华阁南乐社开始重新开展活动。后把楼下出租，以房租收入一万多元以及华侨台胞的捐款，重建南寿宫三楼，同时由各方广大的善男信女热情赠捐，重塑保生大帝、天上圣母及四大将的金身塑像。从此，南寿宫香火再旺盛起来。南寿宫外墙有清代福建水师提督彭

中山路南寿宫

楚汉所立石碑一方，弥足珍贵。

官任社篁津宫

官任社篁津宫雄踞筼筜港口，建于南宋1168年间，历经数次重修及翻建，目前保留有道光二十一年（1841年）、光绪十三年（1887年）两块石碑。

篁津宫为二进式结构，供奉的是金脸黑须的保生大帝，左右是天上圣母、三元帅。除此之外还有李太子、注生娘娘、观世音等神明。篁津宫的主要活动包括：三月十五保生大帝诞辰，组织到白礁、青礁进香；三月二十三日妈祖诞辰，到何厝妈祖的分炉庙宇进香；二月十二日为王公、王娘诞辰日；十月十五日为该小区的平安日。

塔厝社长兴宫

长兴宫历史悠久，于明洪武八年（1375年）从白礁祖宫分灵，坐落于厦禾路中段。旧时的长兴宫占地面积约为269平方米，为前后两殿。宫庙建筑雄伟，宫内木刻、石雕、壁画、剪瓷、名人题词均属上乘佳作。宫埕的正面有一堵高约3米、宽近5米的照墙。宫的左右两侧各有一棵百年古榕树，其树荫覆盖着整个宫埕。宫庙“文革”中被毁。后几经周折于今址安顿。

溪头下社宝海堂

宝海堂地处鹭岛的环岛路海边，坐北朝南，背依金山，面向大海，海中大担、小担两屿犹如寿龟伏于堂前。在庙堂大埕外海滩上，有七巨石镇于海滩，称七星石，谓“七星坠地”胜景。宝海堂为前后二殿式结构，中有拜廊连接，左右有龙虎井排列，画梁彩栋，琉璃瓦屋盖，辉绿岩浮雕、影雕，显得金碧辉煌、庄严肃穆。

相传在北宋天圣年间，吴真人到溪头下社施医，不顾炎夏烈日，亲自到大山采药，途中突遇暴雨寻一山洞避之。患者家人披蓑戴笠上山寻找，见真人正走出山洞，浑身透湿。吴真人风雨无阻、不顾安危的高尚医德，感召了社人而崇奉之。后人都称该处为“吴真人避雨洞”而缅怀之。明万历三十二年（1604 年）溪头下社民筹资兴建庙堂，供奉吴真人，取名宝海堂，并祀天上圣母。

宝海堂大殿

打铁街福寿宫

肇建于明嘉靖二十一年（1542 年）的打铁街福寿宫，至今已有近 480 年的历史。它坐落于打铁街 93 号，占地面积约 280 平方米，主殿门外是很大的石埕，又有拜亭并建有大戏台，有四根擎天巨椽，三块石碑，还有香炉等，十分壮观，乾隆《鹭江志》中曾有记载。福寿宫供奉主神保生大帝吴真人，信众俗称大厅公。先辈们到海外谋生前，为求海路顺风，都会到宫里朝拜，祈求香火随身带往南洋。清光绪十七年（1891 年）皇帝又册封其为“赭灵殿”，香火甚为兴旺，信众极广。福寿宫尚保存着乾隆、嘉庆、光绪等不同年代的碑刻多方，如《重修打铁路头碑记》《奉宪示禁》等碑文。对研究厦门古代公共工程建设及其管理史，交通史以及古代经济史都有相当的意义。是厦门仅存的一处有相关内容的碑记。

迁建后的打铁街福寿宫变成二层楼房

乌石浦洞炫宫

洞炫宫位于厦门湖里区乌石浦油画村旁，始建于南宋末年，1994 年，由乌石浦旧村即今 SM 广场迁建于现址。洞炫宫为二进闽南宫庙建筑，左右双天井，双耳门结构，拜亭及主殿屋顶为三川四规燕尾翘脊的硬山顶，屋面为绿色琉璃筒瓦，塑有双龙戏珠及托塔等剪黏彩绘，宫门左右祥狮护佑、龙柱鼎立。殿内所悬挂的“惠济苍生”匾额乃清嘉庆己卯年（1819 年）所作，另有一座清咸丰年间的青石香炉和民国十五年（1926 年）重修洞炫宫碑刻及旧的青石柱础。主祀保生大帝和天上圣母妈祖，陪祀有三太子与虎相公、千里眼、顺风耳诸神。

每年农历三月十五和三月二十三，洞炫宫都会组织信众，分别前往海沧青礁慈济祖宫和何厝顺济宫请香，并在请香当日，在本社村民聚居点巡境安民。每年农历十月洞炫宫亦会卜珓，选定吉日举办祭拜王爷祖的醮事活动。

高楼环围的乌石浦洞玄宫

西边社孚惠宫

西边社孚惠宫位于思明区西边社 56 号，始建于明成化十六年（1480 年），至今已有 500 多年历史，占地面积宏大。1958 年因修建工程机械厂被占用，目前使用面积只有 200 多平方米。孚惠宫分前后两殿，前殿摆放天公桌，后殿正中奉祀保生大帝，前列中案桌上供奉天上圣母妈祖、二恩主公、哪吒、大厅爷等神祇。外侧右边有注生娘娘，左边有池府王爷、土地公。前殿石柱上刻有“阳台巍峨耸云霄龙潜西滨垂福地，筼筜浩荡亮渔火光耀北斗祀真人”。

西边社鹫峰堂

鹫峰堂位于厦门市曾厝垵西边社，供奉保生大帝，神龛两侧分别供奉妈祖娘娘和注生娘娘。具体始建年代难于考据，从碑文所记录的内容可以看出鹫峰堂的历史超过 300 年。2012 年翻建后的鹫峰堂为三间开砖木结构。

曾厝垵西边社鹫峰堂

枋湖太源宫

太源宫建于明朝，位于厦门市湖里区枋湖社，坐北朝南，分前后两殿，供奉保生大帝、天上圣母、三官大帝。宫后有一棵400多年的大榕树。太源宫分灵于白礁慈济宫。太源宫还有送王船习俗，每12年（牛年）大节造王船，举行隆重游王船活动；每隔6年（羊年）小节，设有抬马轿等活动。

枋湖社太源宫

曾厝垵拥湖宫

曾厝垵拥湖宫位于曾厝垵海鲜舫后。宋末元初，蒙古兵南下，大肆屠掠，曾氏家族痛别定居已久的江苏常熟，随南宋皇帝端宗逃难入闽，于景炎元年（1276年）渡海踏上了厦门岛，择居嘉禾里之南。曾氏到此得安居，故名“曾厝安”，别号“禾浦”，或曰“曾家澳”。

拥湖宫原建自元代，距今已有700多年历史，俗称“顶宫”，在村中历史最为悠久，地位最为崇高，位列众宫庙之首。

“拥湖宫”历经明、清两朝，几度重修。2001年5月修复完工，主祀保生大帝、天上圣母、玄天上帝、大圣爷、注生娘娘。每年正月十五、三月十五、三月二十三，神明都要在全社巡安。

曾厝垵拥湖宫

曾厝垵净圣堂

净圣堂位于厦门市曾厝垵后厝社，由后厝社林氏祖先始建，据传至今已有300年的历史。奉祀保生大帝，左右两旁是大帅、二帅，主神龛两侧则分别是三拜公和注生娘娘神位。在中案桌两边供奉哪吒、虎相公。净圣堂每年正月初八，凡新婚、生男丁者都要奉牲礼、龟糕拜敬。正月十五元宵节，举行乞龟、猜灯谜等活动。三月十五日是保生大帝的诞辰，信众都要到净圣堂奉献牲礼、龟糕、五果，上香祈福并添油，请演闽南传统歌仔戏，抬保生大帝神像往龙海白礁慈济祖宫进香，同时举行境内巡安。

曾厝垵后厝社净圣堂

马垅龙惠宫

马垅龙惠宫大殿

龙惠宫位于马垅社，始建于清代，主殿是常见的单檐燕尾翘脊硬山顶建筑，前殿三川四归脊，开三川门，侧门紧靠在山墙边上。主祀保生大帝大道公，本社俗称“公祖”。诸神龛的左右两侧是注生娘娘、什王公（十殿阎罗）的神位。案桌上还奉有虎爷、哪吒、马将爷的神像。每年正月十五要举行神像巡游安境，俗称“元宵走辇”。

厦门、同安祭祀保生大帝的宫庙还有许多，而且大都历史悠久，香火兴旺。因篇幅关系，就不一一介绍了。

此外，厦门还有把保生大帝的弟子飞天大圣张圣作为主祀的。如海沧囷瑶石岑村的玉贞法院。

玉贞法院祀保生大帝弟子飞天大圣张圣，始建于明代，清嘉庆年间重建，道光、同治年间重修，1980 年重修前殿。保存清同治十年（1871 年）重修碑记一方。

位于集美区后溪镇苏营村的苏营皇渡庵也供奉飞天大圣。皇渡庵始建年代不详。据《同安县志》载，唐宣宗李忱登基前，曾云游入闽，“……时尝渡于此，里人有苏公陈婆者留宿庵中，具鸡黍，宣宗登极……令为筑陂，自苎溪上流沿山开凿水道至苏营十余里，灌田数百顷”。陈婆逝世后，后人为纪念之，遂在其居所建庵奉祀，取名“皇渡庵”。清初，庵废。道光九年（1829 年）村民扶乩移今址。道光十年（1830 年）及道光二十年（1840 年）东、西两庵相继落成。道光、咸丰年间苏营村杨氏、陈氏族人迁台垦殖，皇渡庵的“飞天大圣”香火随之携入台湾。现今有台北广照宫、台中同兴宫及其分炉 60 多处。1988 年以来，上述宫庙多次组团前往苏营村寻根进香；1992 年捐资重修皇渡庵。

皇渡庵由相距 3 米、大小一致的东、西两庵组成。两庵均坐西南朝东北，面宽 5 米，进深 6 米，为前亭后殿式。东庵以石构为主，石雕雕饰精美，西庵以木构为主，装饰简朴，俱呈清代建筑风格。东庵奉祀“飞天大圣”及“皇帝万万岁”牌位，西庵奉祀保生大帝及田祖苏公、陈婆。

苏营皇渡庵

第四节　从青礁、白礁到漳泉二府

明代形成漳泉两府各自进香谒祖白礁青礁慈济宫的格局，也说明其时保生大帝信仰已经传遍了漳泉二府。

一、泉州较著名的保生大帝庙

泉州市区旧时方圆仅数里，吴真人庙就有十多座，分布在市区的各个铺境。这些庙宇最早的建于宋代，至迟也都是在明清时落成，香火连续至今天。

这些宫庙多为单檐歇山式，有大殿、拜亭，或有二殿、三殿的。其中，以花桥慈济宫最为著名，紫江宫、桂坛宫、甲第宫等

也香火旺盛。

花桥宫

花桥宫在泉州城内善济铺，即今泉州市区闹市中心中山路中段。吴真人在宋明道二年（1033 年），泉州疫病流行肆虐之时，两度率门徒前来悬壶花桥，夜以继日救治患者，活人无数，感人至深。宋绍兴年间，后人为纪念这位医德高尚的神医而在其行医过的旧址建庙供奉，是泉州城最早的慈济宫。明代著名书法家、大学士张瑞图书写的“真人所居”石刻至今仍保存于庙门之上。

清末以来，泉州先贤黄抟扶、吴桂生、黄懋烈三进士在庙中设立施医赠药、救贫扶困的慈善机构，首创“泉郡施药局”，后更名“泉州花桥赠药义诊所”，由泉州地方上德高望重、学富五车之社会贤达名流担任董事。在吴真人济世惠民精神的感召下，花桥民办慈善事业，施医赠药救死扶伤，承先启后一百多年从不间断。他们提出，坚持施医赠药，服务社会民生，关爱弱势群

泉州花桥宫

体，构建和谐社会，弘扬真人文化，光大花桥精神，彰显慈济特色，蕴含仁爱普世价值。古道热肠的先贤，虔心至诚的善信，或慨然捐资，或挥汗出力，或坐堂义诊，无不以真人为楷模，践行无怨无悔的信仰。如此的前行后效、前仆后继，经过长期的积累、提炼、总结、升华，终于结晶为体现关爱、互助、奉献的花桥精神，也使花桥宫在海内外获得相当声誉，成为远近闻名的保生大帝宫庙。改革开放以后，在热心桑梓的侨胞台胞，以及泉州各阶层人士的关怀支持下，庙宇的大殿、义诊赠药处修葺一新。

甲第宫

甲第宫在泉州城内甲第巷 95 号，供奉的保生大帝为当地文锦铺的当境保护神。清道光《晋江县志》有载，此庙明清之时屡有修建，现存庙宇为清代建筑。

紫江宫

紫江宫又名五堡宫，位于泉州城五堡街，旧属慈济铺。传建于清初，规模颇大，原有的吴真人神像雕工精巧，逼真。庙宇建于江滨，榕荫郁郁，江风徐来，景色秀丽。新中国成立后，旧址改为紫江小学，后又充作搬运公司。紫江宫所供奉的保生大帝香火，移到五堡街的灵溪殿四王府，与康、王、李、周四王爷并祀。

桂坛宫

桂坛宫在桂坛巷口，旧为集贤铺的境主宫，庙宇被拆改楼房多年。吴真人香火移到附近的黄门埕土地庙，仅存的一对石柱随之安置在新址的拜亭。

北山宫

北山宫坐落于泉州城北，旧属盛贤铺。此庙建于宋代，地处金鸡、蜈蚣之穴，面对清源山之南台岩。相传旧时南台有只金鸡，每天早上按时啼鸣报晓，庙前小路形似蜈蚣，正向拜亭中的

一口水井延伸，晨曦中犹如蜈蚣戏球，别有一番情趣。所以北山宫大殿前有对楹联曰：日观蜈蚣重飞跃，夜听金鸡复报晓。该庙在1983年修复，大殿、拜亭焕然一新。

灵通宫

灵通宫亦称后茂宫，在市区近郊后茂村，旧属泉山铺。殿中主祀保生大帝，1985年重修，为当地境主宫，同祀关帝、哪吒等。

妙因宫

妙因宫在泉州西街368号，旧属曾井铺。现存庙宇为西街老人协会会址。

青龙宫

青龙宫在南门青龙巷，旧属聚津铺。

下围宫

下围宫在市区东面近郊下围村，旧属城厢三十六铺之一的新溪铺。原有殿堂三间，建于清代，现仅剩主殿。1985年，经村人集资修复，大殿中供奉保生大帝，神像新雕，肃穆庄严。前院为该村老人协会活动场所，庙中墙壁彩绘“十二门人”，取材于《封神演义》中的人物。

泉州城中供奉保生大帝的庙宇还有华仕铺的清军驿宫，清源铺的上乘宫等等。

除此之外，还有奉祀吴真人徒弟女医鄞小娘的庙宇，如花桥仙姑宫，花巷仙姑亭。

泉州城外的郊区许多农村中，也有不少信奉保生大帝的庙宇，如东海乡法石的文兴宫，永宁的西岑以及罗山、英林等处。

泉州各县、乡保生大帝宫庙也很多，较有名的有安溪感德石门玉湖殿等。

安溪感德石门玉湖殿

二、 漳州较著名的保生大帝庙

漳州保生大帝信仰的传播也很广，据 20 世纪 90 年代不完全统计就有 200 多座供奉保生大帝的宫庙，还传播到广东潮汕、海陆丰。

云霄县火田乡西林慈济宫

西林村离云霄县城仅 5 公里，是最早的漳州府所在地。西林慈济宫为二进宫庙，上厅中供奉吴真人，后有大帝爷公，右为“仙姑妈”，据说是吴真人妹妹。神像前有虎爷。前左墙有“三舍公”神像，前右墙无神像，只用红纸书写神明贴于墙上，在上厅与前厅间的左墙祀白莲佛祖，右墙祀大娘佛祖。

这里民间称吴真人为“先生公”，每逢农历三月十五诞辰，香火旺盛，场面非常热闹。云霄城关、浦尾一带信众均来此祭拜。他们“割香”到白礁，而不是漳州府的祖庙青礁。

云霄西林慈济宫

东山县真君宫

东山县真君宫在南门海堤上，从围墙正门入内，可见三间宽的宫所及古式瓦当屋顶。民间称其为“先生王宫”。

东庵善堂

东庵善堂在东山大庙头，本是收埋海上流尸的万善庙。上厅中祀玄天上帝，左祀保生大帝，右祀宋大峰祖师。这里还设有药签，分内科、外科、眼科、小儿科四种。信众向保生大帝祈求药签，要先烧香，卜珓，然后拿一支香候脉，再抽出药签来，根据药签可到施药处取药。施药处储备有100多种草药，都是管理人员义务上山采来的。也有医生献出秘方，亦免费提供给信众。

长泰慈济宫

据长泰博物馆的调查，长泰至今有40多座宫庙主祀保生大帝。历史最为悠久，影响最大的是长泰县城内庵慈济宫。

长泰内庵慈济宫始建于公元1359年，分炉于青礁慈济东宫，至今已有600多年历史。据《长泰县志》记载，“慈济宫，在龙津桥畔。元监邑忽都火者倡建，后废”。明永乐年间重建，“文革”期间被毁。现长泰慈济宫位于长泰县城东隅之后庵，临龙津溪，是漳州市文物点，县级文物保护单位。

相传最早的慈济宫，原址在县城罗侯山下，后来戴耀（两广总督，长泰县人氏），从青礁慈济宫将保生大帝真身偷请回长泰，在县城东面的新店街尾奠基建宫。全宫占地十余亩，其前埕与城墙相连，埕右有池塘，塘边有龙眼园五亩，埕左有两株古榕树，冠盖参天。宫左建有一座三间带两厢的平房，是住持和尚住所。

长泰慈济宫于民国二十五年（1936年），由戴瑞祥等人倡举在现今长泰县城桥头十字路口重修，坐西向东，前与城墙相连，体式似古宫殿。分前后两殿，前殿略低，装饰精美。屋顶正脊两面雕塑两座彩楼，塑有亭台、楼阁、人物，花、鸟、鱼、虫。皆用彩瓷剪粘而成，小巧玲珑，栩栩如生。屋脊两面塑有鱼虾水族、八仙过海等景物，顶端脊角各剪粘青龙一条，骄然欲飞。前殿供奉清元真君，后殿供奉保生大帝真身，殿堂宏伟高旷，画梁雕栋，金碧辉煌。

长泰慈济宫因城区扩建多次迁建，现宫庙为1999年所建的后庵慈济宫。所幸主要文物在有志人士的竭力努力下得以保存下来，今后庵慈济宫里还有6支龙柱，仍栩栩如生；宫横楣“二龙抢珠”浮雕图案雕刻精美；宫埕有《重兴慈济宫记》石碑一方及一副阴刻楷书对联。石碑字迹清晰，为明万历元年（1573年）陈道正撰写，记载有吴真人生平事迹、慈济宫的兴废及永乐十二年（1414年）重修的全过程。

长泰高濑村定应堂

长泰高濑村定应堂，始建于元代，在长泰县岩溪镇高濑村大社。岩溪镇距长泰县城10多公里，高濑村离镇2公里。定应堂

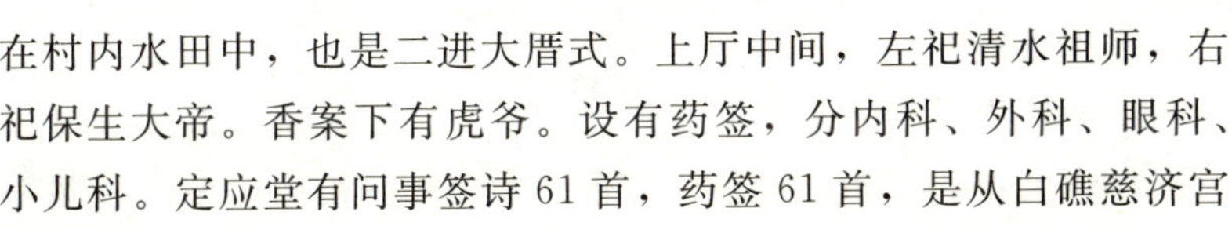

在村内水田中，也是二进大厝式。上厅中间，左祀清水祖师，右祀保生大帝。香案下有虎爷。设有药签，分内科、外科、眼科、小儿科。定应堂有问事签诗 61 首，药签 61 首，是从白礁慈济宫抄来的。

高濑村大多姓吴，来自龙岩大小池，据说也是吴真人的后裔。

南靖县仑仔村慈济宫

南靖县金山乡在南靖县城西北约 50 公里处，仑仔村离乡约 5 公里，又称马公墟。金山乡有慈济宫 7 所，分布于上水、大山、新内、宫埔、宫顶、浦明堂和仑仔村。其中，仑仔慈济宫香火较旺。

仑仔慈济宫现为南靖县文物保护单位，共有两进。在大门两边墙上镶有石刻，记述明万历四十六年（1618 年）募款建宫名单，石柱对联刻有“明参日月量合乾坤，气愤风云志安社稷”“慈心济物起祥云，金柱壁栏阖宝殿”。在前厅左侧壁上镶有石碑，记述慈济宫于乾隆四十年（1775 年）的重修：“慈济宫者，金壁里中三仙境也，崇祀保生大帝及关圣帝君诸神，自明万历四十六年已升建于斯矣。里人岁时伏腊，春秋祈报，咸告虔焉，但历时久远，择吉重兴。”

大殿中祭祀保生大帝和吴圣帝君神像，左陪祀飞天大圣王公妈神像，右陪祀福德正神。

宫庙在农历三月十五日保生大帝诞辰最热闹，在宫外广场搭棚演戏，多为芗剧。他们进香也是到白礁慈济宫，但也有到青礁慈济宫的。宫内有问事、内科、外科、小儿科 4 种诗签。其中问事签诗 67 首，与青礁慈济东宫 66 首相同，仅多一首。与白礁慈济宫 120 首不同，可见历史上与青礁的关系更密切，只是政区调整才转而进香白礁。

平和心田宫

平和心田宫是平和县坂仔镇、国强乡、小溪镇数万赖姓居民崇拜保生大帝的宫庙，也是台湾台中元保宫的祖庙，在海峡两岸有相当的影响。

平和县坂仔乡心田村距县城 10 多公里，地处平和至云霄、诏安、漳浦公路的交叉路口，村旁的花山溪过去可通航直达九龙江。全村有 5000 多人，居民姓赖，均分散居住在一块小盆地内，共有 27 个村民小组。

心田宫以村命名，坐落在村子盆地南边的寮山山脚下，坐西朝东，为闽南大厝宫殿式建筑，共两落。前为门殿，面阔三间，进深二间，悬山式屋顶，绿釉琉璃筒瓦为盖瓦。屋脊两端上翘，门厅的大脊上饰有两条相互对视的青龙，正中有一轮光焰四射的红日，形成双龙戏珠之势。房顶上还有八仙等人物造型的剪黏，多彩多姿。门殿正面墙上，左画关羽，右画岳飞。后落为正殿，面阔三间，进深三间，内有 6 柱。正殿中间，奉祀保生大帝，其身着黄龙袍，外披黄色披风，头戴戏剧中皇帝常戴的那种簪花皇冠。其左竖着一把宝剑，右为两把黄色的小令旗，脚下有两只小狮子。其间，还有一尊黑脸的保生大帝，端坐在一张雕花红木龙椅上。正殿与门殿之间有廊庑。左边廊庑，有一砖石砌成的小庙式神龛，供奉土地公和伽蓝公，右边廊庑则在一张供桌上放一木制庙宇式的小神龛，供奉三官大帝，但无神像。

在门殿与正殿间的天井中，竖有一根天公柱，柱上有搁板，上置香炉。此处是专为敬奉天公而设置的。宫左侧是护厝形式的建筑，其正厅供奉观音，厢房则为管理人员的宿舍、厨房。

宫前有一大埕，埕边种着花草树木，环境十分优雅。宫右侧为新建的戏台，有两层楼，上为戏台，下为董事会的办公室、仓库。

心田宫始建于何时，现有几种说法。其一，心田宫建于14世纪中叶，也就是大约在元至正年间。据说心田村赖氏开基祖卜隆公自诏安官陂社田心村迁到平和县坂仔乡时，曾从那里带一尊保生大帝神像到此，后来心田村发展了，就建立起心田宫。其二，认为明代永乐年间或洪熙年间吴真人被晋封为"恩主昊天金阙御史慈济医灵妙道真君无极保生大帝"后，才从现厦门海沧青礁慈济宫分香而来，然后建起心田宫，大约是在明永乐晚期到宣德年间。其三，认为是在赖氏大宗家庙建成前不久，从青礁分香火来始建的。由于赖氏大宗家庙的建立年代有两说，一曰建于明天启元年（1621年），一曰建于崇祯五年（1632年），因此，建宫年代应在明万历末年至崇祯末年。

明清期间唐山过台湾，心田村赖氏是最早的一支，聚居于台中赖厝廍庄一带，并兴建了台湾著名的台中元保宫。从日本侵占台湾时期到中国大陆改革开放以后，几次推动了海峡两岸民间信仰交流的高潮。

心田宫是闽南保生大帝宫庙的一个典型代表，展现了闽南民间的力量是如何通过民间信仰构建起海峡两岸不可切割的文化纽带的。

第三章　保生大帝过台湾、下南洋

第一节　香火漂洋过海

闽南人过台湾、下南洋，当他们告别故土时，总是要带上神明的香火和祖宗的牌位，作为精神的寄托和安全的依靠。保生大帝正是随着闽南人的过台湾、下南洋漂洋过海，并在新的地方扎下了根。

闽南民间信仰这种独特的传播方法，闽南人称为分灵和进香。分灵的方式有三种。

第一种是“分香”：最初的唐山过台湾、下南洋，每个人行前都必须先取得神明同意后，乞求一些神炉中的香灰（民间相传神灵附在香炉灰上），用油纸包起来。远行者必定有一个母亲或妻子缝制的贴身香袋，装着境主宫的香炉灰、祖宗的牌位信符，以及家乡的一撮米、一把土。在“十去六死三留一回头”的移民途中，遇有风险，便捧出香袋祈拜平安；有幸抵达新土，就把故乡带来的香袋供奉起来，按时膜拜，以谢神明和祖宗的保佑。祈求神明保佑能在他乡落地生根，成家立业。待到日后事业有成或子孙发达，就再塑一尊神像，或回原乡原庙请一尊神像到新定居

地的家中供奉。然后，大兴土木，建庙修祠，以寄乡思和感恩之情。台湾以及南洋闽南人的民间信仰和宫庙，大都就是这样传自闽南而逐渐由小到大发展起来的。

第二种是“分身”：即将启程离乡往外地谋生的闽南人，如果条件允许，可以携带神像远行，那么，行前就到庙里求神掷筊，征求神明的同意，把庙中某一尊神像，或者雕塑一尊同样的神像，请庙里的神明开光附身，然后随身带往异乡，供奉在家里。等到经济条件允许后，就要为这尊故乡神明的分身神像建一座宫庙供奉。这座异乡的新宫庙就成为故乡祖庙的分灵庙，其供奉的神明就是故乡祖灵的分身神明。待经济条件进一步转好，人口和信众愈来愈多，再将庙的规模逐渐扩大。

移民的迁徙方式，除了个体的经济型移民外，还有群体性的战争移民、政治移民。郑成功东渡平台，建立反清基地，就是一次带有政治性质的战争移民。其兵员多为来自家乡的闽南子弟，也多携带家乡的保护神随军行动。源生于闽南的保生大帝信仰，就是这样传入台湾的。闽南民谚和民间故事中有“大道公押尾阵”，就是讲当年随郑成功收复台湾的闽南子弟兵，将保生大帝供奉在最后一条船，压阵保佑成功收复台湾，生动地说明闽南民间信仰的传播方式。

在一般的经济移民中，由最初的个体行为逐渐发展成为同乡、同宗结伴同行的群体行为，承载移民精神寄托的故乡神明，也成为来到新土移民的共同保护神，共同集资由祖庙分香请灵，建设新庙。也有渔民或郊商，在不断往来捕捞或驻地经营中，需要家乡神明的荫护而传承香火的。如澎湖的妈祖庙是明代闽南渔民合力建造的。随同移民足迹所到的信仰传播，同时也是族群延伸和文化的传承。

第三种方式是“漂流”：那是在非人力主使下，从海上漂来的物品，可能是外地宫庙送走的王船，可能是一尊神像，也可能是一方神主牌或一段准备雕刻神像的木材。这些东西对当地人来说虽然会有来路不明之感，但只要懂得其中奥妙的人，都知道这当中的玄机。他们会以灵媒问神的方式询问对方的来历，是何方人氏？有何要求？透过灵媒和对方商量，取得双方同意后，再按协议来处理，这件漂流物可能从此成为这一方的守护神，以神力来庇佑这一方弟子。

无论哪一种形式，闽南香火在台湾地区以及南洋的发展，往往成为移民在新土的经济活动、文化活动，甚至政治活动的中心，而且通过还乡祭祖与祖庙进香，成为与原乡故土的交流渠道、交流平台。

闽南移民初抵异地，环境陌生，文化异质，在举目无亲的艰辛打拼中，往往以故乡的信仰宗庙作为依靠。寺庙的职能除了作为祈愿祭拜的场所之外，更成为移民乡情的寄托、族群的整合、信息的传播，乃至于文化教育和社会救助的中心，团结御侮的议

马来西亚马六甲青云亭

事中心。如新加坡的天福宫、马六甲的青云亭，新移民初来乍到，可以在宫里寄居，吃、住全免，还帮助找工作。而找到工作后，当然也会尽其所能协助宫庙。这种守望相助的精神，温暖了一代又一代的华侨，培育了闽南人同舟共济的精神追求。

有分灵分香，就有割火进香。分香与传统家族传承中的“分灶火”仪式如出一辙。灶象征一个家的成立。在“分灶火”中，通常长子继承父亲的老灶，其余诸子则从旧灶中取一些热炭到自己家中的新灶，表示“薪传不绝”。诸子分家后为了笼络感情，每隔一段时间，诸子就得上祖坟祭拜，或至祖屋、长子家中团聚，以示血统上的嫡系关系，或作为一种加强因时间而冲淡的联系纽带的手段。我国台湾地区以及南洋的分庙也正如此，经过分灵程序，与祖庙确定一种类似“父子”关系，而进香活动就像诸子归祭祖坟、赴祖屋或长子家中团聚一样，起到一种加强血统联系的功效。

中国人对根源祖籍观念非常看重，移民社会的闽南尤其明显，对原乡（祖籍地）的感情非常浓厚，各宗各族几乎都很重视谱牒的整理和传承，都很清楚自身的木本水源。一个人离家久了就会想家，一群人离开家乡一段时间，就会有谒祖寻根的行动。闽南民间对于所信仰之神的祖庙也抱持这样的观念，所以会定期举办进香活动，陪同这些神灵返回祖籍地谒祖寻根。

闽南民间诸神信仰在台湾地区以及南洋的开基庙及其各地的分灵庙建立以后，即与闽南的祖庙产生“血统”上的承袭关系。为了保持和增强这种特殊的联系，各分庙每隔一段时间都得上祖庙乞火，参加祖庙的祭典，以此证明自己是祖庙的“直系后裔”。这种宗教活动俗称为“进香”“割香”“割火”，有乞求香火之意。

按仪式来分，个人叫割香，神与神之间就叫掬火或进香。割香、掬火的目的在于借此仪式获得来自祖庙神灵的灵力，寻得圣灵不息的延续。将写有信徒姓名的疏文及金箔纸焚化于炉中，等到卜定的割火时辰一到，法师便以小勺将“万年香火炉”内燃烧中的香灰及香纸连铲三勺，舀至进香团的“神火筒”内，待“神火筒”安入香担，即快跑离宫，一路添加檀香粉末，使之不熄灭。

闽南的民间信仰，无论离开原乡多远，对于故土祖庙，总是不绝思念。这种根叶相系的观念，维系着移民文化对祖根文化的密切关系。因此，回祖庙进香认宗，便成为分灵庙最为重大的盛典。即使山海迢隔，或外力的重重阻拦，都坚行不逾。

抗战期间，台南学甲保生大帝庙无法回祖庙进香，便遥隔海天，朝西向着同安白礁祖庙的方向，设坛祭拜。两岸对峙时期，台湾数百艘渔船携带妈祖圣像，冲破政治阻挠，直航湄洲，回祖庙进香，成为两岸直航的首例，都是极其感人的事件。两岸关系舒缓以后，台湾妈祖庙、保生大帝庙、清水祖师庙、关帝庙等影响深广的信仰，相继联合回大陆祖庙进香，跟随的信众逾千上万，仪式隆重，圣典庄严，往往成为轰动当地的重大事件。

我国闽南和台湾地区以及南洋神明的“分灵”有三种路线，第一种是从福建的祖庙分灵到省内其他地点，第二种是从福建分灵到台湾地区及南洋，第三种是从台湾最先建立的祖庙再分灵到岛内其他地点，或是从南洋最先建立的宫庙再分灵到其他地方。所以进香时，也有这三种不同的路线。

第一种从闽南祖庙分灵到省内各地的宫庙不少，一些是随着居民迁徙外地而分灵，更多是外地闻名而来分灵的。这类庙宇的进香活动是分庙信徒前往祖庙会合后，再按预定时间返回，如同家中长辈寿诞日子女返乡为长辈庆生祝寿的意思一样。

第二种是从福建分灵到台湾地区以及南洋的，因为这尊神像陪他们渡过惊涛骇浪的海洋，旅途上所遭遇到的重重危险困境，在百姓心中，必有某种神迹出现帮他们化解灾难。这样的情形更加强了他们对该神的崇拜，他们回到祖庙进香，一方面是叩谢神恩，同时信徒们心理上总是认为：本尊是一切神迹之源，进香也有为“分身”向祖庙“充电”，对这神尊有所加持的意味存在。历年来许多台湾奉祀的妈祖神像回到湄州、泉州进香，还有保生大帝神像回到白礁、青礁进香的情形，都是因为这尊神像是早年从祖庙分灵渡海的。

第三种是从台湾地区以及南洋最先建立的庙宇分灵到其他庙宇的神像，他们会在每年的神诞日之前回到祖庙进香，这种活动来自早年两岸不能来往的那段时间所采取的权宜措施，后来相延成习，已经成了台湾岛内每年规模最大的民间信仰活动。现在每年农历三月上旬，从台中大甲镇南宫出发，经彰化到云林北港，为期一个多星期的妈祖绕境活动，年年都在岛内掀起一波波民间信仰习俗的高潮。

台湾回闽南展开进香的活动，从唐山过台湾之后就零星在举办，但当时的交通工具不便，都是人数少的小规模。后来，人员

学甲慈济宫组团到青礁进香

来往都很困难，更别说是进香活动了。到 1980 年以后，才有少数团体从港澳转往福建进香的情形，之后这项进香活动的次数愈来愈多，规模也愈做愈大。近几年来，由于金门、马祖和厦门、福州实现直接往来，两岸之间来往愈来愈方便，各种进香活动几乎整年不停地在举行。

近年来不只有台湾往福建的进香活动，还有另一种新兴的“巡安”活动正在逐渐发展。20 世纪末湄洲妈祖首度到台湾做一百多天的巡安行程，在台湾岛内掀起了前所未有的民间信仰高潮。2007 年 8 月 11 日，厦门市青礁慈济宫保生大帝巡安金门，以后又巡安澎湖、台北、台中，为两岸民间信仰文化交流增添许多佳话。

台湾地区以及海外进香团在改革开放初期对祖国大陆祖庙的回馈，推动了大陆香火的复苏。这些宫庙进香祖庙，和祖国大陆祖庙赴台巡游，成为推动两岸以及对外文化交流的重要管道。

青礁保生大帝巡安金门

青礁保生大帝巡安澎湖

第二节 保生大帝过台湾

保生大帝信仰是何时由何地传入台湾，一直是个有争议的问题。

有人认为，今天的澎湖县白沙乡的威灵宫就是台湾地区最早建立的保生大帝寺庙，大约在万历三十年（1602 年）建成。澎湖距离福建比较近，很早就有大陆渔民活动。大陆先民移台一般会选择澎湖作为横渡海峡的中途休息站，澎湖成为民众入台的一个跳板，保生大帝庙首先建在这儿合情合理。

但是，澎湖当时属泉州府晋江县，并不归台湾管辖。保生大帝什么时候进入台湾本岛？20 世纪 80 年代开始保生大帝文化研究就关注这个问题。其时，众说纷纭：有说是，“大道公押尾阵”，跟着郑成功打荷兰红毛番才到了台湾；有说是，明郑时期台湾就有了大道公庙。其实，保生大帝过台湾有个关键人物——开台第一人，青礁村的颜思齐。

确实，清初陈文达的《台南县志》记载，荷兰殖民者侵占台湾时，漳州和泉州人到台湾与荷兰人进行贸易，在台南县广储东里建立了大道公庙，祭祀保生大帝。台湾岛上建立保生大帝庙最早可以追溯到明末荷兰殖民者占据台湾时期，即 1624—1662 年。而我们知道，1624 年也正是颜思齐、郑芝龙船队登陆台湾的时间。荷兰人占据台南，颜思齐在台湾中部现今北港一带安营扎寨。从 1624 年到 1627 年郑芝龙被明朝招降，他们所统领的人马和管辖的范围、影响比荷兰人大得多。漳泉也没人敢绕过他们和荷兰人交易。在这几年里，台南是不可能建大道公庙的。只有诸罗山的颜思齐才有力量、有意愿、有可能建宫庙供奉保生大帝。

颜思齐（1589—1625），字振泉，漳州海澄县青礁村人。精通武艺，体格魁梧雄健，为人豪侠仗义，在月港开设裁缝铺，也经营对外的丝绸贸易。

明万历四十年（1612 年），颜思齐遇官宦家人侮辱邻里百姓，一怒之下，将此家奴杀死。青礁村在今厦门海沧，海沧与月港分别为九龙江北、南两岸的要冲，都是当时对外通商的港口，常有洋船进出。为了逃避官府缉捕，颜思齐当即搭乘一艘正要出港的商船，逃往日本平户。在平户，他靠做裁缝谋生，也做些海上交通贸易。颜思齐仗义疏财、喜欢交结朋友，很快就成为平户华人的首领。与杨天生、洪升、陈勋、张弘、陈衷纪、林福、李英、庄桂、杨经、林翼、李俊臣、黄碧、张辉、王平、黄昭、郑芝龙（原名一官）、何锦、高贯、余祖、方胜、许妈、黄瑞郎、唐公、张寅、傅春、刘宗赵、郑玉等 28 人结盟为兄弟，并被推举为盟主。

海沧开台文化公园颜思齐雕像

明天启年间，日本社会处在德川幕府统治时代初期。德川家族实行锁国政策，海上贸易困难重重。晋江船主杨天生游说颜思齐起事，与德川幕府分庭抗礼。颜思齐与28个兄弟商议，定于八月十五日上午突袭平户炮台，再攻长崎衙署。起事前两天，由于李英在参加杨经寿诞时，欢饮过度而泄露机密，遭幕府缉捕。幸而郑芝龙的丈人翁翌皇得到消息，他们才于十四日下午分乘13艘帆船逃离平户。陈衷纪献计：台湾笨港一带土壤肥沃，人烟稀少，不妨前往暂住，再图霸业。颜思齐平时从事海上贸易时就经常在笨港进进出出，也觉得那一带背负岛上山林原野，面对福建，东北连日本诸岛，南通南洋诸国，适合农垦开荒，又适合从事海上贸易，进可攻，退可守，确实是修养生聚的好去处。当即调整船帆，直驶台湾。

明天启四年（1624 年）八月二十三日，颜思齐一行数百人在台湾笨港（今云林县海港）登陆。

颜思齐率众人在笨港登陆后，觉得笨港海边湿气较重，不适合居住，就派出人马分头寻找落脚之处，最后选定诸罗山为落脚点。

颜思齐一行在诸罗山落脚后，立即构筑简陋的城堡，防备当地少数民族部落来袭。随后，一方面将原先设在平户的贸易机构移到诸罗山，巩固、发展海上武装贸易集团，一方面派人到闽南一带招募船工、农民。据说，他派杨天生率船队赴自己家乡海沧青礁，和漳州、泉州一带招募移民，不久，颜思齐的人马便扩大到 3000 余人。

颜思齐招募的这些青礁颜氏乡亲，理所当然地按照闽南传统的习俗，将家乡的保护神保生大帝带到台湾。据《诸罗县志》记载，颜思齐模仿中国传统的屯田制，将所有人马分为十寨，在诸罗山进行有组织的开发，十寨中专门有一寨是负责协调与当地少数民族关系的。

颜思齐设立的十个营寨遗址大部分至今尚存：主寨（大本营）设在颜厝寮（即今水林乡水北村）；左寨（护卫营）设在王厝寮（即今水林乡土厝村）；右寨（护卫营）设在陈厝寮（即今水林乡土厝村）；哨船寨（航队营）设在船头埔庄（即今北港镇树脚里）；海防寨设在后寮埔庄（即今水林乡后寮村）；抚番寮设在府番仔庄（即今北港镇府番里）；粮草寨设在土厝庄（即今水林乡土厝村）；北寨设在大北门庄（即今北港镇大北里）。设在兴化店庄的前寨（先锋营）已被溪流冲毁，设在考试谭庄的后寨（训练营）因居民他迁而踪迹全无。

颜思齐还在笨港东南的原野进行市政建设，建成“井”字形

街道，分为9个区，设有专人管理。这是台湾最早的汉人行政管理机构。

可以肯定，在这样的建设中，无论是兵营还是家园，闽南人是必定要有宫庙、有神明、有境主公的。对于颜思齐和他的青礁乡亲，保生大帝是不可或缺的。

明天启五年（1625年）九月，颜思齐和部众到诸罗山（今嘉义市）捕猎，不幸染病，竟一病不起，英年早逝，年仅36岁，后葬于今嘉义县水上乡与中埔乡交界的尖山山巅。

颜思齐开拓台湾登陆纪念碑

台湾著名史学家连横称颜思齐为“手拓台湾之壮士”，将颜思齐列为《台湾通史·列传》第一人，被尊为“开台第一人”。可以肯定，他也是闽南保生大帝播传台湾第一人。

位于诸罗东南三界埔山的颜思齐墓至今保存完好，时有民众前往凭吊。当年颜思齐率领13艘船登陆的地点笨港如今已经建成北港和新港两个繁华的市镇。当地民众在北港的街心建有“颜思齐开拓台湾登陆纪念碑”，在新港奉天宫妈祖庙两旁建有“思齐阁”和“怀笨楼”，纪念这位开发台湾的先贤。

颜思齐之后，推动保生大帝过台湾的，首先是闽南民间与荷兰人交易的商人们。当然，更重要的是郑成功收复台湾，将中华文化全面深入传播台湾，推动了保生大帝广泛地传播台湾。

1661年，郑成功率军横跨海峡驱逐荷兰殖民者。大军出发前，漳泉一带的军民纷纷到白礁或者青礁慈济宫拜别保生大帝，顺便带上香火袋，祈求一路平安，有的甚至将“保生大帝神尊”供奉在战舰上，祈求协助作战和充当守护神。在台南学甲镇登陆成功后，军民们便建立了一座庙宇，供奉庇护他们来台的保生大帝神像，取名“慈济宫”，与祖庙同名。由于郑成功及将士大部分是漳泉人，开拓台湾初期，移民遇到瘴疠为毒、缺医少药的险恶环境较之漳泉故里有过之而无不及，移民迫切希望从精神上获得保生大帝的救助，现实状况促进了保生大帝信仰在台湾的传播。保生大帝信仰随着郑氏对台湾开发便逐渐在台湾得到一定程度的发展。据史料记载，到明郑晚期，台湾的保生大帝庙宇有20座，集中在现在的台南、高雄等地。

入清后，闽南人过台湾出现了几个高潮，台湾各地普遍兴建保生大帝宫庙。清政府治台前期及中期，府城一直设于台南，府城与附近的凤山县成为漳泉移民聚居的中心地，保生大帝信仰密集分布这一区域。随着垦殖范围扩大，台湾对大陆商贸交通得到发展，有“一府二鹿三艋舺”之称。府指台南，鹿是漳化县鹿港的旧称，艋舺位于台北，说明清治台时期对大陆商贸沿台湾岛西海岸一线分布，因此保生大帝信仰也沿西海岸传播。有清一代，台南府城与凤山县、诸罗县（今台南、高雄与嘉义）创建的保生大帝宫庙数量最多，有97座，占总数的75%。其他兴建有保生大帝宫庙的县市，包括屏东、云林、彰化、台中、苗栗、新竹、桃园、台北，共建有29座，这些保生大帝宫庙与台南、高雄、嘉义等县市的宫庙一起，沿着台湾西海岸一线从南向北分布。

日本侵占台湾后，台湾的民间信仰受到日本神道和皇民化的极大冲击呈现衰微的状态，保生大帝是被废除的神明之一。1945年后，有关保生大帝的民间信仰恢复，祭祀活动也日益兴盛。1975年，以保生大帝为主祀神的宫庙有160座，1981年为162座。

台南仁寿宫

1989年，台湾保生大帝同祀宫庙在台南学甲慈济宫董事长周大围的倡议下，成立了台湾“保生大帝庙宇联谊会”。此后，台湾各地的保生大帝宫庙纷纷申请加入，截至2001年，该联谊会已拥有宫庙264座，但没有加入该联谊会的更多。据说，台湾奉祀保生大帝的宫庙有500多座，几乎遍及全省所有市县城乡。

保生大帝宫庙在台湾名称颇多，阙号纷纭，有“慈济宫”“兴济宫”“薄济宫”“明跻宫”“广济宫”“广福宫”“保福宫”“保宁宫”“保和宫”“保生宫”“保延宫”“保龙宫”“保安宫”“咸安宫”“济安宫”“镇安宫”“庆安宫”“庆元宫”“元和宫”“元保宫”“龙圣宫”“龙德宫”“开山宫”“良皇宫”“妙寿宫”

“大兴宫”“建进宫”“整峰宫”“慈灵宫”“真人庙”“真君庙”“是真人庙”“大道公庙”“大帝公庙”“保生大帝庙”“新生帝王庙”，等等。

台南仁德乡保华宫

台湾影响较大的保生大帝宫庙主要有三座——南部的台南学甲慈济宫、中部的台中元保宫、北部的大龙峒保安宫。

台南学甲慈济宫

宫庙在台南学甲镇，规制宏伟，庙貌堂皇，装饰富丽。庙中神像系郑成功姑父陈一桂（时任郑军运粮官）所率忠贞军，东渡前夕自白礁慈济宫奉请白礁保生大帝祖庙分灵金身随战船同渡海峡而来。军队率先在台南学甲西方 4 公里处之头前寮平安登陆，先是建简屋奉祀，因信徒日众，香火鼎盛，于清康熙四十年（1701 年）兴建“学甲慈济宫”，乾隆九年（1744 年）扩建。从那时起直到今日，祭拜保生大帝的典礼活动 300 多年来从未间断

过，并多次组织信众回乡进香，参拜祖宫白礁慈济宫。

其宫有楹联二，一曰“慈爱父母学究天人保生不息，济困苍黎甲荣草木大道无私”，二曰“慈心保赤仰大帝英灵名传天府，济世生春观真人庙貌甲冠北门”。

台湾学甲慈济宫

抗日战争时，由于归来白礁祭祖不易，台湾各地信众聚集学甲镇头前寮溪畔举行“上白礁”谒祖的祭典活动，遥拜大陆白礁慈济祖宫。

1978 年 10 月，台湾同胞在台南学甲镇西的将军溪畔，建造一座高大的纪念碑，称“郑王军民登陆暨上白礁谒祖纪念碑”，碑文写道：“三百余年来，学甲地方及台湾各地信徒，为遥拜大陆福建白礁慈济宫——保生大帝庙，及追念大陆祖先，代代相传于每年农历三月十一日举行弘扬民族精神之上白礁谒祖祭典而闻名遐迩。愿吾人共同勤勉，使中华民族更发扬光大，千秋万代永垂天壤之间。”

台南学甲镇的谒祖祭典活动，通称“上白礁谒典”，每年农历三月十五日是保生大帝的生日，为让保生大帝有足够时间渡海回乡谒祖，因而提前四天，即农历三月十一日举行“上白礁祭祀”活动，民众积极参与，规模很大。

每年这一天，数万甚至十几万台湾同胞艳服盛装集于学甲镇慈济宫前，举行祭祀。由花车和歌仔戏班组成的谒祖行列，把台南滨海小城学甲镇挤得水泄不通。游行队伍到将军溪畔后，便由台南县长率领十几万台胞隔海遥拜大陆白礁慈济祖宫，缅怀列祖列宗，同时高诵“上白礁”祭文：“巍巍昆仑山，浩浩扬子江。伟哉中华民族，源远流长。祖宗功德厚，子孙岂敢忘。”在台南学甲慈济宫门前，有一副对联就记载着：“气壮平天，万众同参学甲地；血浓于水，千秋不忘白礁乡。”

如今，学甲慈济宫内祀有已具八百年历史的保生大帝开基神像，据说与白礁神像同雕于宋代。除了这尊宋代的雕像，宫内还

台南学甲慈济宫上白礁谒祖祭典

保存着十分珍贵的台湾工艺大师叶王烧制的交趾陶、何金龙大师的剪黏艺术及众多珍贵的古文物，名列台湾的三级古迹。庙旁的慈济文化大楼长期展出叶王交趾陶、县境内珍贵史料、寺庙文物及先民器物等，深具历史与文化价值。

鹭岛保生大帝宫庙联谊会拜访台南学甲慈济宫

台中元保宫

元保宫在台中市北区赖厝里。康熙年间，施琅收复台湾，置福建省台湾府，设台厦兵备道，海峡波平，疆域大治，于是，招纳流亡，开辟荆榛。

平和县坂仔乡心田村赖氏，从十世祖起，也就是在明代嘉靖万历年间，就有人到台湾谋生，是闽南人最早开拓台湾的移民之一。到清代康熙收复台湾后，闽南一带早闻“台湾钱淹脚目”，漳泉百姓掀起大规模的“唐山过台湾”，心田村的赖氏家族更是呼朋唤友过台湾。他们在台湾披荆斩棘，拓荒垦殖，于是，在台湾的台中就出现了赖厝廍庄、田心仔等赖氏聚居的村落。

当时的台湾被称为“瘴疠之地”，移民水土不服，缺医少药，常常生病，尤其是移民离家背井的思乡情愁，旅居外地渺茫无所适从的心理压抑，推动赖姓族人在乾隆年间联合附近的 16 个村庄，如干沟仔、田心仔、犁头店、土库、麻园头、后地仔、东大墩、邱厝仔、三十张犁、廊仔、水景头、军功寮、旧社、三份铺、二份铺、水楠等，大家有钱出钱，有力出力，合力在赖厝廊庄建立宫庙，历时 11 年，于乾隆五十六年（1791 年）孟冬竣工，阙号“元保”，取其追念元始，安家保身，永远饮水思源之意。宫庙巍峨，气宇轩昂，崇祀保生大帝、三官大帝圣尊，并举行三朝庆成清醮大典。其宫保生大帝圣像请自青礁慈济东宫。元保宫以历史悠久、香火鼎盛名扬海峡两岸。

元保宫的建立，不仅使台中 17 个村庄的村民有地方烧香供奉，也使得由漳泉两郡人建立的这 17 庄联合起来，以元保宫这个对保生大帝崇拜的场所为中心，形成了一个在宗族组织、村落之上的地方组织。

台湾台中元保宫

这种联合在每年的保生大帝绕境活动中充分展现。每年，从农历三月初一起，从干沟仔开始，依序次由各庄恭迎保生大帝绕境，驱除魔障，扫清妖氛，以保平安。直至三月十五日回銮元保宫，举行保生大帝圣诞日祭仪。后来虽因姓氏斗争，绕境庄头的次序有所改变，但这一体现区域联合的活动仍持续下来，这对促进地方和谐团结、社区整合起到极其重要的作用。

心田宫后来在道光二十六年（1846 年）和 1924 年重修。1924 年重修后举行落成典礼，启建清醮，17 庄信众一齐响应，盛况曾轰动全台湾。

这次重修的来年，由当时元保宫管理人赖世荣组织十人进香团，回到平和县心田村祖庙心田宫谒祖进香。原计划农历三月前回台，但由于遇上台风，延至农历三月二十二日才回到台湾。17 庄信众组织锣鼓阵、大旗鼓、南北管、乐队、狮阵、艺阁等规模宏大、精彩纷呈的阵头和万人迎接队伍，前往丰原市恭迎“圣驾”回銮。回宫后即为保生大帝洗尘，演下马戏娱神，而且 17 庄每庄各一天，轮流举行祭典及演戏以报答神恩，庆贺元保宫谒祖进香活动的胜利完成，再次轰动全台湾。

在日本侵占台湾时期，举行这种盛大的回乡谒祖进香活动，巧妙而坚定地向殖民者宣示心向祖国的信念，其意义远远超出了一般的民间信仰活动。

1949 年后，海峡两岸隔绝了一段时间，使得元保宫回大陆祖庙谒祖进香的活动一度中断。直至 20 世纪 80 年代后，随着海峡两岸交往的增多，元保宫才又再回来谒祖进香，并帮助心田村重修心田宫，台湾乡亲与心田村乡亲的交往、联系日趋密切。

90 年代，元保宫主委赖焕樟先生几次率团回闽南进香，支助和推动了慈济东宫、西宫、北宫的重建，写下了一段海峡两岸文化交流合作的华彩乐章。

1998年赖焕樟先生（右起第二人）率台中元保宫参访慈济北宫，推动北宫重建

厦门市保生慈济文化研究会拜会台中元保宫

台北大龙峒保安宫

台北市大龙峒原是同安县人在台北聚居的地方，自然也就把大陆故乡同安香火最旺的保生大帝分灵而来祭祀。康熙四十八年（1709 年）同安陈、赖、戴等 5 个人申请核准进入大龙峒一带开垦，并在乾隆七年（1742 年）草建简单小庙供奉保生大帝。到乾隆二十年（1755 年），这里的同安人已经生聚繁荣，于是历时五年，将小庙改扩建为正式宫庙“保安宫”。

到了嘉庆初年，这里已经建成繁华的街市顶街、下街。嘉庆十年（1805 年），同安人于是将保安宫改建成大庙，当时与万华的龙山寺、清水岩并称台北的三大庙宇。庙宇庄严巍峨，终年香火绵延，是北台湾保生大帝信仰的活动中心。

清代山西名士张书绅为保安宫撰写长联，赞颂吴本其人其神：“公实生于宋代，其活民比富、范之仁，救民秉韩、岳之义，宜与宋代诸贤并垂不朽；神固籍乎同安，然俎豆遍十闽之地，声灵周四海之天，自非同安一邑所得而私。”

宫庙占地 1 万多平方米，是台湾最大的保生大帝宫庙。坐北朝南，三进中轴线上，由南而北，依次为三川殿（前殿）、正殿、后殿。两侧有东西护厝及钟鼓楼，呈回字形。后靠大屯山，左侧可见大龙峒山。宫前原来的空地，1945 年后增建了牌楼庭园。庭园最南边是照壁，“后有靠前有照”，格局完整。

宫庙修建时聘请了当时最著名的闽南工匠和台湾工匠，留下了许多著名工匠大师的作品。如台湾顶级的大师潘丽水在此就留下了七幅精美的壁画。山川殿和正殿的木雕是当时著名的工匠师陈应彬与郭塔打擂台对场之作，精彩纷呈，各具特色。而水车堵、屋脊、屋檐及东西护厝的泥塑、交趾陶、剪黏，是当时厦门著名工艺大师洪坤福与台湾陈豆生对场之作，精彩绝伦。正殿内墙巨幅龙虎堵交趾陶，是洪坤福不朽之遗作。后殿内墙巨幅龙虎堵交趾陶，为泉州名师苏宗覃之作品。

大龙峒保安宫二百多年来，虽经多次重修仍保存原有的建筑格局、装饰、艺术风格，是非常宝贵的文化遗产。

大龙峒保安宫

大龙峒保安宫除了主祀保生大帝之外，殿内同祀的还有注生娘娘、池头夫人、天上圣母、福德正神、神农大帝、关圣帝君、至圣先师、玄天上帝、三十六官将、释迦牟尼佛、观世音、玉皇大帝、西王母、太岁星君、西秦王爷、田都元帅及义勇公。可谓儒、道、释、民间信仰，和而不同，共聚一堂，充分体现了中华文化和谐共生的理念与教化。

20世纪80年代以后，大龙峒保安宫推动庙务的改造和文化的提升。宫庙员工的素质得到很大的提高，并实现专业化、年轻化，业务作业电脑化，重建了保安宫的良好形象，吸引了更多的信众，也扩展了更多的财源。又将所得用于庙宇的修缮和从事社会救济工作，及推展文化艺术活动。

保安宫董事长廖武治后来还担任了全台保生大帝庙宇联谊会的理事长，多次组织台湾的保生大帝宫庙信众与祖国大陆开展文化交流合作。

大龙峒“保生文化祭”

青礁保生大帝赴台巡安，参加大龙峒保安宫“保生文化祭”

第三节　保生大帝下南洋

保生大帝下南洋，实际上比过台湾还要早得多。这是因为明代中国对外贸易的中心，从宋元时期的泉州湾泉州港，转移到了厦门湾的九龙江出海口，南岸是月港，北岸即海沧。明初，郑和下西洋，副帅是闽南人王景弘，水手更多为闽南人。其后，明王朝厉行海禁政策，民间“片板不许下海”，厦门湾九龙江口就成了中国海上私人贸易的中心。隆庆元年（1567 年）开港之后，这里的人到马来半岛、印度尼西亚、菲律宾、日本平户等地经商、行船、做工的更不可胜数。依闽南人的习俗，那是必然要把保生大帝带去的。

但是好像还没有证据可证实郑和时期南洋就有保生大帝宫庙。郑和七下西洋，五次驻跸马六甲。马六甲最早的宫庙是青云亭，建于明末清初，距离郑和时期已经有二百年。青云亭是典型的闽南民间儒道释合一的宫庙，供奉有观世音、保生大帝、协天大帝、妈祖、伽蓝菩萨、文昌帝君、本境大伯公、大使爷、金花娘娘、虎爷。

这或许就是保生大帝在南洋最早的供奉。在南洋其他地方看到的主祀保生大帝的宫庙则都在清中、晚期以后，大多是清末民国初新侨大批下南洋所兴建。

已知青云亭最早的主持人是厦门人李为经和漳州人郑芳扬。“李为经们”讨了马来姑娘当老婆，在南洋落地生根，开花结果，生下了第一代的华人与马来人通婚的后代峇峇娘惹。从此青云亭在很长的历史时期就是由峇峇娘惹主持，并实际上成为马六甲华人社会的政治中心。

峇峇娘惹并没有忘记自己的原乡故土。今天马来西亚侨生

（不是华侨学生，指在当地出生的峇峇娘惹）公会会长、拿督颜泳和的先祖颜永成，祖籍厦门海沧青礁。青礁东宫的石碑就镌刻着他的名字。

青礁慈济宫东宫现存的历史碑刻有七方：宋嘉定二年（1209年）慈济宫碑一方，清康熙三十六年（1697年）吧国缘主碑记一方，清嘉庆十九年（1814年）重修慈济祖宫碑记一方、重修慈济东宫碑记一方，清咸丰四年（1854年）重修慈济祖宫碑记一方，光绪二十年（1894年）重修慈济祖宫碑记两方。颜永成的大名就刻在光绪二十年的第一方，位列第三，“捐缘银壹仟贰佰大员”。前两位是集体单位——“新江邱龙山堂壹仟陆佰大员”“石塘谢宝树堂壹仟贰佰大员”。颜永成是个人捐款最多的。

当然心系原乡故土，心系慈济祖宫的远不止颜永成一人。那方康熙年间的吧国缘主碑记，就记载了印度尼西亚的华人甲必丹——郭天榜、林应章、王应瑞、郭居鼎、黄廷琛、马国章、林元芳、蔡宗龄、林万应、陈炯赏、林祖晏、蔡凤翔、王绍睿、林儒廷为重修东宫捐银，最多六十九两，最少六两，共捐银四百二十两。

祖宫的保生大帝如此牵动他们的心，在他们漂泊的远方是否也有供奉保生大帝的宫庙呢？

新加坡真人宫，当可视为海外保生大帝宫庙的典型。

真人宫是新加坡一座拜祭保生大帝的庙宇。民国初年（约1912年）时，中国福建有大批村民漂洋过海下南洋，他们中的一些人为了祈求在旅途中和异地的平安，就向他们家乡宫庙的保生大帝求得神袍和香火，陪伴他们一路南下。当他们平安抵达新加坡南部的亨德中北村　　“本所坡（Poon saw pore）”时，就开始供奉保生大帝的神袍，但当时还没有庙宇。

这件现已成为真人宫镇宫之宝的神袍，据说其质地是黑色的上好绸缎，并且是不能随便打开的，只有在信徒们遇到危险或身患重病时，在保生大帝的允许下指派专人，才能取出。

约在 1913 年之际，保生大帝托梦于一名信徒，根据这位信徒的描述打造了一尊十二寸保生大帝的金身。人们也开始筹集资金建设保生大帝宫庙，并为保生大帝打造了一台神轿。

真人宫第一间庙宇建在亨德申路（本所坡）。宫前有斜坡，下面有屋子住着庙祝。庙后有一棵亚答树。站在庙外看，庙宇好像一间两进院落的“宫庙”，屋顶是亚答树叶盖的。其空间比现在宽两倍，深三倍。墙壁是木板的，地面是水泥的。一尊十二寸的保生大帝金身稳坐在中殿上。左殿是大二使公，右殿是岩山观音。殿前的空地很大，在一些特别的节日中会在两旁搭建木偶戏台。

新加坡真人宫

这是真人宫第一间庙宇。由于当时暑湿俱盛，人们的居住环境和经济能力很差，医疗设施也不完善，“本所坡”的村民如果遇上任何疑难未决之事或家中有人患病，都会依照家乡习俗，请示保生大帝给予提示和医治。

村民们将保生大帝的神袍请于轿中，由四人抬之，据说当保

生大帝到来时，神轿就会开始左右摇摆，并以进退表示是与否，对与错。所以这里的保生大帝也被称为“进退公”。据总务陈俊标先生说，当时抬轿的时间一般不定。时间最长的一次可以为30多位村民看诊。有时信徒家里有事，轿脚（抬轿者的称呼）还要抬着神轿在夜深时，到信徒的家中去看诊，直到凌晨两三点甚至天亮才回来。

有一次，神轿居然指点病人在自己的家中找到了病人需要的药，而这位病人并不知道自己家中有这味药。因为相当灵验，其他地方的人都会来求医求诊，远到樟宜、裕廊、巴西班让都去过。有时还要抬着神轿上山，在神轿的“指点”下去采药，这样的药才能给病人服用。

那时的“桌头”黄乌佳对草药有一定的认识，他负责听取保生大帝的“指示”。如果他说的话符合保生大帝的意愿，神轿就会向前走一步；如果他说的话不符合保生大帝的意愿，神轿就会后退一步。这就是当时向保生大帝的问事方式。

真人宫神轿

在第一间庙的时期，庙里的一些节日和风俗已经形成。如每年的农历三月十五日，在保生大帝诞辰之时，信徒们以掷圣珓的方式选出炉主，将保生大帝请回家供奉。宫前还设有戏台，凡遇千秋庆典，除了拜祭外，还会请酬神大戏（多在保生大帝千秋之时），或掌中木偶戏（多在观音佛祖和大二使公千秋之时）助兴，并请来道士做清醮、拜斗、过平安桥等仪式。也会举行出巡绕境仪式，场面很热闹，不亚于春节庆典，也是“本所坡”的年度大事。

当时，在犒军仪式上，信徒们都会挑着自己准备的贡品前来祭拜，而现在的贡品都由真人宫的厨房准备。

在1942年到1945年，日本人轰炸和占领新加坡的时候，保生大帝成为人们的精神寄托。那时大家在保生大帝的“指示”下，每隔三天就犒军一次，终于平安度过了最艰难的时期。

1945年，日军投降撤离新加坡时，真人宫举行隆重的祈福“醮”祭祀仪式，以答谢神恩及祈求国泰民安、风调雨顺、人丁兴旺和阖家平安。最具特色的是“观灯”祭典仪式，每户人家以一对纸灯和一头生猪为祭拜之贡品。当时，“本所坡”全村村民出动，摆案虔拜，酬神演戏，神轿绕境，整个醮坛祭典非常热闹。

20世纪50年代，由于政府要征用庙宇的土地用作外商投资建玻璃厂，真人宫只好搬迁，保生大帝的金身就先暂居龙山亭。如信徒有事要请示保生大帝，就把保生大帝从龙山亭请出来。过后信徒可以选择将其金身送回龙山亭或暂且安放在家里，直到下次有别的信徒邀请为止。

神轿也放在信徒家中，但家里的居住环境太窄小，于是将神轿放在较为宽阔的猪寮。有一次猪寮不幸着火，神轿也因此受损，有信徒就把神轿重新修理油漆。之后庙宇搬迁至大约500米外的亨德申路下段，现惹兰红山路和亨德申路交界处，信众们出钱出力，因陋就简盖起第二间庙宇。新庙面积比第一间小很多。

宽度和深度只有一个半神轿，墙壁是由一半空心砖、一半木板所建。由于空间太狭窄，抬轿时一不留神就会将墙壁撞出一个洞。

在迁入新庙时，信众们又打造了另一尊十八寸金身保生大帝。1967 年，在扶轿请示保生大帝后，又打造了孙真人和许真人的金身。真人宫内就有了三位真人的供奉。冥冥之中居然契合了慈济北宫三真人的供奉。

因为保生大帝金身是在农历十月十五日进住新宫庙的，从此就将这一天作为保生大帝的祭祀日，习俗一直沿用至今。

此时，真人宫保生大帝座下有七名弟子，被称为“三赞脚”。而“桌头”黄金美也将草药名分门别类地进行整理和抄写。据说当保生大帝“看诊”时，神轿的龙头会直接指出要用的草药，这样就节省了很多时间，是保生大帝济世看诊程序的一大改进。

在第一间和第二间庙宇的时候，保生大帝显灵救世的事迹传遍了整个“本所坡”，就连附近村落的人，如“吉灵山（Keklengsuan）”的印度村民们也前来膜拜。

20 世纪 70 年代初期，新加坡政府发展红山地区。于是真人宫面临着又一次搬迁的命运。在大家的努力下，真人宫在 1976 年购地，经过两年的建设，1978 年 12 月 22 日（农历十一月二十三日）第三次搬迁至现在红山弄，与介谷殿、龙山亭、万仙庙一起组成联合宫庙——真龙宫。

真龙宫总面积为 7000 平方尺（约 778 平方米），庙内摆放了四间庙宇的神像。殿后有会议室，后院有厨房和青草药园。

青草药园的建立是要继承和发扬保生大帝慈济为怀的精神。真人宫在亨德申村北之时，保生大帝在为人们“看诊”时，会“指点”轿脚去到山上、树林和池塘边采集草药。现今的青草药园中，种植了不少的草药，大都是常用药草，大部分是新加坡本地采集栽种的。目的是问诊后能直接摘给病患使用，减少病人在外购买的麻烦并能在第一时间吃到药，因为时间就是人命，这些草药的提供也不收费。如果在草药园中找不到需要的草药，就会列明草药的名称，让病患自己购买。

真人宫青草药园

真人宫每周济世 6 天，晚上八点半开始，直至前来的信徒都离去为止。每晚，由 4 个义工扛轿进行救世工作，义工成员最多时有 70 多人。为善信指点迷津问事时，保生大帝基本上只求得人三炷清香和随缘的心意。所有成员都遵照保生大帝普救苍生的宗旨，誓言要慈悲为怀，不求回报。

值得一提的是，真人宫的济世是不分种族的，别的种族的人前来真人宫问事，保生大帝会一样对待。

随着新加坡的社会经济发展，人民日益富足，医疗水准持续提高，到真人宫求医问药者逐渐减少。然而，理事会并未因此懈

息，而是把力量更多地放在保生大帝文化的提升与推广上。

为了深入了解保生大帝文化的内涵，从 2001 年开始，真人宫每年都会组成海外敬香团，赴我国福建和台湾等地，进香拜谒保生大帝祖宫及祖庭，进一步了解保生大帝千年来源远流长的文化真谛。

新加坡真人宫进香慈济北宫

在总务陈俊标先生的带领下，敬香团每次 200—300 人参加，行程大约一个星期，到海外敬香和进行文化交流。这些年来，敬香团所拜访过的庙宇有白礁慈济祖宫、惠安岩山寺、泉州富美宫、惠安青山宫、青礁慈济宫、温厝慈济北宫、泉州花桥慈济宫、泉州青龙慈济宫、泉州真武庙、安溪东岳寺和城隍庙、南安榛林庙、南安凤山寺、湄洲妈祖庙、安溪清水岩等庙宇。所到之处得以更深入地了解保生大帝的信仰，并且和当地庙宇的负责人做深入的沟通，分享彼此的心得。

在连续三年的祖庙谒祖敬香团活动中，真人宫发现在新加坡很多人对保生大帝不甚了解，甚至有很多人没有听说过保生大帝；一般群众拿了保生大帝所分发的“如意”却不了解保生大帝的真正精神面貌。大家觉得可以通过举办文化节的方式向信众展现保生大帝文化的源流和推广保生大帝济世精神。

于是真人宫在2005年农历三月十五日举办第一届保生大帝文化节。文化节的举办场地设在真人宫的后庭院内，现场装饰了耀眼的灯饰，以展览图片的方式向大家介绍了保生大帝的生平事迹、精神面貌、行医济世的个案见证、真人宫的历史和活动事项，并分发9999支如意棒给大家。

文化节筹委会特别邀请新加坡中医学院毕业生医师协会来参与，约有20位中医在现场义诊，以发扬保生大帝的济世精神和医德。文化节还邀请了丹戎巴葛集选区国会议员英兰妮女士为贵宾主持开幕仪式。

第二届新加坡保生大帝文化节在2006年的农历三月十五日举办，筹委会邀请了本地宫庙和会馆前来共襄盛举。参加文化节的有新加坡延陵吴氏总会、保生庙、帝君坛、鹏峰宫、镇南庙、广寿堂、仙宫堂、儒林张氏公会、青龙庙以及新加坡道教总会等。

这次文化节有27名中医师参与中医义诊并建立了良好的口碑。这届的贵宾是英兰妮女士和庄永昭医生。

2007年农历十月十五日，举办第三届保生大帝文化节。这次文化节举办了“亚太区保生大帝历史文化展”“保生大帝文化摄影展”“文化草药和种族和谐展”以及“草药巡回展”。同时邀请中国、菲律宾、马来西亚的代表前来参展，共有200多位海外嘉宾参与，使庙会成为国际性的联络交流平台。

新加坡是个多元种族的国家，在促进不同种族和谐相处方面，真人宫也做出了积极的努力。文化节邀请的各国嘉宾除了参加文化活动外，还安排参观新加坡的回教堂、印度庙，展现新加坡多元种族文化的风采。发挥传统宗教文化的力量，融入多元种族的因素，这种与时并进的做法，获得赞赏和嘉许。

这次文化节除了和以往一样准备了详尽的图文资料和庙宇参观活动来推介保生大帝的信仰，以及中医义诊、舞龙舞狮等之外，还和红山联络所联办“种族和谐日”，同时也响应红山小贩中心联谊会的“美食节”。

新加坡外交部政务部长、时任丹戎巴葛集选区国会议员陈振泉先生和英兰妮女士为文化节主持亮灯和开幕仪式。

真人宫的文化节一般为期 5 天，推动了真人宫的凝聚力和组织管理水平，丰富了新加坡保生大帝文化的内涵，扩大了保生大

真人宫庆典

帝文化在新加坡的影响，也推动了真人宫与世界保生大帝宫庙的交流合作。

一百年来新加坡真人宫的历史，记载着的不单是先人下南洋的奋斗过程，更书写了他们弘扬保生大帝的济世精神，传承保生大帝文化的使命，以及促进宗教与种族和谐的宗旨。有众多信众为保生大帝济世工作，献出自己的大半生。

第四章　保生慈济文化的传承与发展

第一节　从信仰习俗到保生慈济文化

保生大帝信仰的当代转型是从 2006 年开始的。这一年 1 月 12 日至 16 日，胡锦涛同志视察福建时，多次指出，福建与台湾一水相隔，促进闽台交往具有得天独厚的优势。他说，百分之八十以上台湾居民的祖籍在福建，闽南话也是台湾的主要方言，闽南文化、客家文化、妈祖信仰、歌仔戏、南音等都深深地扎根在台湾民众精神生活当中，福建要应用这些丰富资源，在促进两岸交流合作中，更好地发挥作用。①

这个讲话推动了各级领导对闽南民间信仰的深入认识。

保生大帝是闽南、台湾民间极为盛行的民间信仰，在台湾有 500 多座主祀保生大帝的庙宇，有近千万的信众。在闽南也有数百座庙，加上广东乃至东南亚，全世界有 1000 多座庙，几千万的信众。而保生大帝吴本（名亦作“夲”）生于距海沧青礁五里地的白礁，生前在青礁结庐行医，济世救人，留有遗迹。青礁、

① 引自福建省炎黄文化研究会，《炎黄源流》2006 年第一期。

白礁的慈济宫，建于宋代，皇帝赐匾，俗称东宫、西宫，乃所有保生大帝庙宇的祖庙。而青礁的龙湫庵还比东西宫早建百年，是民间最早奉祀保生大帝的庙宇。

早在 20 世纪 80 年代，台湾的保生大帝信众 700 多人就组团来青礁、白礁进香，捐款重修庙宇。厦门金莲升高甲戏剧团在厦门宾馆明宵厅为该进香团演出，剧团专门创作排演一出《保生大帝》。演出仅一个多小时，而演出后台湾信众争相与饰演保生大帝的演员合影，竟也长达一个小时。保生大帝在台湾信众中的影响可见一斑。这是一个非常好的推动两岸民间交流交往的渠道。

在民间，20 世纪 80 年代厦门海沧青礁慈济宫就和台湾有很多的联系，并获得了他们的支持、赞助重修了青礁慈济宫。

厦门岛内四十几座供奉保生大帝的宫庙，也在 1994 年成立了“鹭岛保生大帝宫庙联谊会”。每年轮流由一座宫庙主办，在农历正月十二日举行大型的祭拜保生大帝联谊活动，同时也开展与台

保生慈济文化分会成立大会

湾保生大帝宫庙的交流活动。2011 年保生慈济文化研究会成立，成为厦门市闽南文化研究会下属的分会。2014 年市社科联和民政局批准其成为具有独立法人资格的“厦门市保生慈济文化研究会”。研究会的成员也从岛内扩展到岛外，成为闽南规模最大、人数最多、运作最为正常的传承发展保生大帝文化的社团组织。

从成立到现在，他们已经举办了 25 届的联谊祭拜活动，参与和组织开展了数十次的对台文化交流活动。2015 年中央提出“一带一路”的愿景与行动以后，他们又多次组织与东南亚海上丝绸之路沿线国家进行保生大帝信仰的交流活动。

2006 年，海沧区委区政府作出决定，在当年 4 月 18 日举行第一届“保生慈济文化节”，以“健康、慈济、和谐”为宗旨，弘扬保生慈济文化，推动保生大帝文化的当代转型，并推动两岸的民间文化交流与合作。

受海沧区的委托，厦门市闽南文化研究会承担了文化节中“海峡两岸吴真人文化学术研讨会”的学者联络、论文组织，和“保生大帝颂典礼仪”的设计、组织、实施。

首届海沧保生慈济文化节颂典礼仪设计海峡两岸双主祭

2006年的研讨会于4月18日在厦门海沧召开，在福建省海峡文化研究会和厦门市闽南文化研究会的指导下，在主办单位厦门海沧青礁慈济宫理事会和台北市大龙峒保安宫联合组织下，邀请了海峡两岸52位专家学者，围绕“弘扬真人慈济精神，加强两岸文化交流”的主题，展开了海峡两岸第一次关于保生大帝文化的学术研讨。海峡两岸不少知名专家学者出席了研讨会，如厦门的方文图、涂福音、颜立水，泉州的吴幼雄、陈桂炳，漳州的郑镛、郑炳炎，福州的林国平、徐晓望，台湾的陈炎正、廖武治、黄振良等等。他们围绕主题展开热烈的讨论，有200多人出席旁听。虽然时间仓促，会议仍收到了40篇论文，其中不少是作者多年研究的成果展现，对后来保生大帝文化的研究和海峡两岸的交流合作都具有相当的启示。

研讨会后结集的论文集

更令人印象深刻的是充满创新和突破的“保生大帝颂典礼仪”。

接受任务后，闽南文化研究会组织了专门的工作班子，投入了相当的力量，翻阅了大量的资料，特别是台湾在祭祀典仪方面的相关信息，以及大陆祭孔、祭关、祭黄帝、祭妈祖的相关录像带，充分了解传统的两种祀典——官祭和民祭，以及现代大型祭典所呈现的官民合流的混合式典礼科仪。在深入地学习和讨论中，他们深刻地体会到：仪式，是文化的纪念碑。

首届海沧保生慈济文化节开幕式

研究会的工作班子秉持中央对民间信仰活动“增加文化内涵，减少迷信色彩”的精神。在反复学习体会这一精神和研究大量资料的基础上，为青礁保生大帝颂典礼仪的设计确定了三条原则：

1. 颂典礼仪为文化节的重要内容，文化节为政府主办，则颂典应以传统官祭礼仪为主，融合民间祭典中不含迷信色彩的成分。

2. 要依据保生大帝慈济、健康、和谐的精神，根据青礁的历史与特点，学习借鉴其他成功的经验，自主创新，独具一格，创造具有时代精神又不脱文化传统的新型颂典科仪。

3. 要增加保生大帝民间信仰的文化内涵，充分发挥闽南文化的精华，并大胆地揉进现代时尚的文化元素。

根据这三条原则，依据传统官祭的“三献”仪式，厦门市闽南文化研究会设计了 2006 年首届海沧保生慈济文化节的颂典礼仪。为了突显保生大帝是海峡两岸共同的信仰，典礼是两岸信众的共祭，专门设计主祭人为双主祭，即大陆一人、台湾一人。陪祭与同祭也是来自两岸和海外数百座宫庙的几百位信众及宫庙负责人。他们应当是保生大帝颂典的主角。他们对保生大帝的崇敬、感念和赞颂才是颂典的核心，不能完全照搬祭孔、祭妈祖的程序。应当有保生大帝的特色，有闽南的特色，有浓郁的闽南文化，有海峡两岸同心同祭的特征，有独具一格的创新礼仪。

依据民间的传统，在“三献”之后，设计了半个小时的“艺文献演”。因为传统民间的祭祀，有点米龙、踏火、阵头表演等，更要搭台演戏谢神明，而人则是托神明的福气来看戏，所谓娱神娱人。“请戏谢神明”，这是传统民间祭祀中不可或缺的，也是民间祭典吸引人的一个亮点。这种形式当然要传承，但内容则可以改造。

祭典的音乐专门请福建省青年作曲家郑超英创作，糅入南音、歌仔戏音乐的元素，既庄重又富有闽台特点。祭文则由厦门市闽南文化学术研究会会长彭一万先生与吴真人研究会的研究专家周学辉先生合作撰写。

在“三献”仪式中，根据吴真人终生吃素的历史记载，摒弃了传统的“三牲”“五牲”，仅以鲜花、鲜果、香茶为献，既高雅又简洁，与奉茶、奉花、奉果的仕女相配称，庄重、典雅、庄严中又有美的韵味。

史料记载，宋代在祭祀保生大帝时，有作歌颂扬。于是主办方组织创作人员在“艺文献演”中创作了歌颂保生大帝的《保生大帝颂》和歌颂保生大帝留传下来的青草药方的《保生茶香飘万年》两首闽南语现代流行歌曲。又请厦门市剧目创作室的黄汉忠、李建忠和洪敏捷同志创作了歌仔戏《吴真人传奇》，请城市现代舞团的张东、丛明玲同志创作了小舞剧和两首歌的伴舞。

艺文献演虽然只有半个小时，但几个节目都是请全国知名的剧作家、作曲家、舞蹈家专门创作。其中的一曲《保生大帝颂》还印在此次文化节的宣传活页，希望能成为今后信众祭祀的礼赞颂歌，并借以推动传统民间信仰信俗的创新发展。这首歌十几年后还成为闽南合唱团经常演唱的闽南方言原创歌曲。

这些形式上既传统又现代，内容上直接歌颂保生大帝的歌舞戏曲节目，得到观众、信众的好评。

首届海沧保生慈济文化节演出歌仔戏《吴真人传奇》

参加首届保生慈济文化节盛典的有海峡两岸及东南亚 200 多个保生大帝宫庙的代表和 100 多位嘉宾。现特摘录当时报刊的一篇报道如下：

记得小时候曾跟着大人到宫庙里去“拜拜”，拿着几支线香跪在神像前，装得挺虔诚的样子，许愿叩拜，再恭敬地把线香插到香炉里，过程极其简单。因此，当 4 月 18 日到海沧青礁慈济宫参加首届保生慈济文化节的祭典时，并没有太多的期待。然而

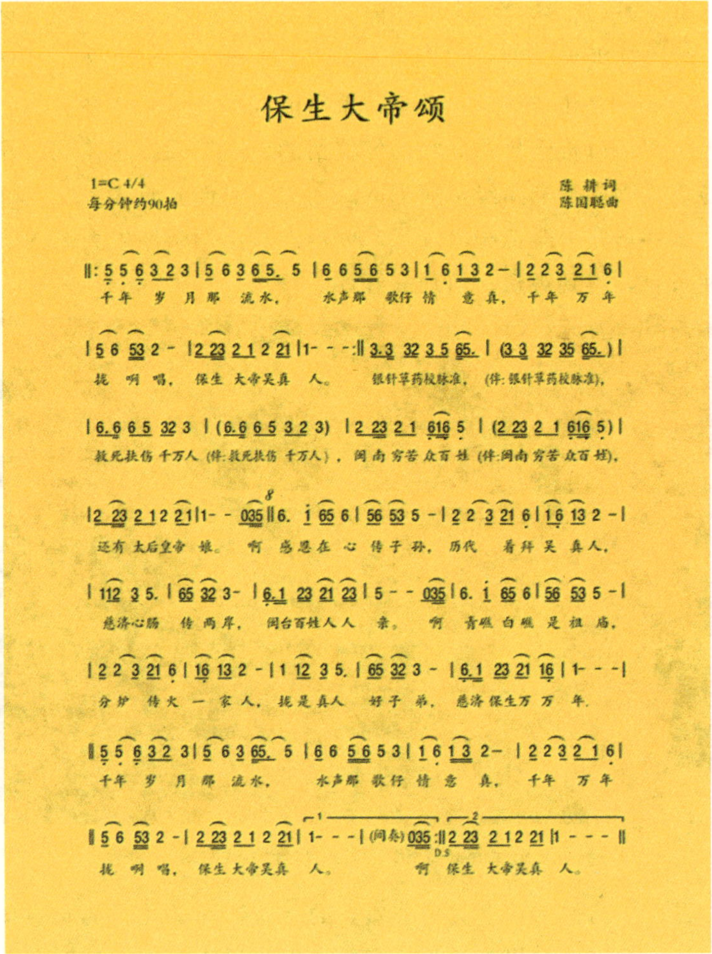

保生大帝颂

1=C 4/4
每分钟约90拍

陈耕词
陈国聪曲

千年岁月那流水，水声那歌仔情意真，千年万年

拢咧唱，保生大帝吴真人。银针草药校脉准，（伴：银针草药校脉准），

救死扶伤千万人（伴：救死扶伤千万人），闽南穷苦众百姓（伴：闽南穷苦众百姓），

还有太后皇帝娘。啊感恩在心传子孙，历代着拜吴真人，

慈济心肠传两岸，闽台百姓人人亲。啊青礁白礁是祖庙，

分炉传火一家人，拢是真人好子弟，慈济保生万万年。

千年岁月那流水，水声那歌仔情意真，千年万年

拢咧唱，保生大帝吴真人。（间奏）啊保生大帝吴真人。

闽南方言歌曲《保生大帝颂》

当车子将进青礁慈济宫，道路两旁的彩旗、标语、气球，则已让人感到现代文化节的浓烈气息。下车后，我们随着人群进入了慈济宫的大门，只见一队队凤凰锣鼓阵、老年秧歌队等民间阵头正在喜气洋洋地表演，那种认真、自信和欢快，强烈地感染着你。

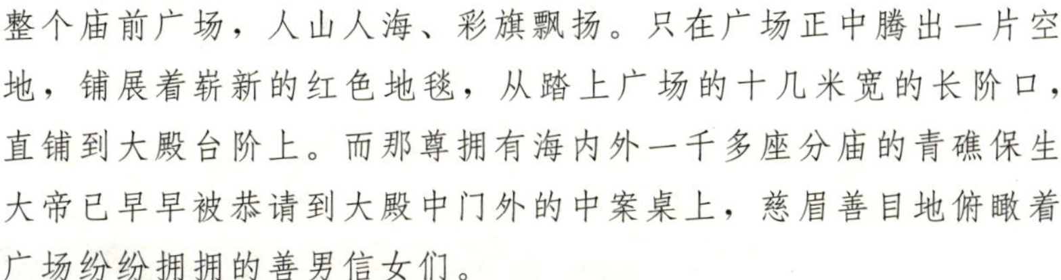

整个庙前广场，人山人海、彩旗飘扬。只在广场正中腾出一片空地，铺展着崭新的红色地毯，从踏上广场的十几米宽的长阶口，直铺到大殿台阶上。而那尊拥有海内外一千多座分庙的青礁保生大帝已早早被恭请到大殿中门外的中案桌上，慈眉善目地俯瞰着广场纷纷拥拥的善男信女们。

祭祀典礼的吉时到了。身着红、黄团花唐装的男女二位司仪，一位普通话，一位闽南话，一先一后，清亮应和雄浑，从容而又肃穆地宣布：“迎神、动乐、鸣炮！”话音未落，鞭炮炸响，锣鼓喧天，礼炮在天空炸出无数彩条，纷纷扬扬地飘洒整个广场。

就在那五彩缤纷的彩条在空中悠悠飘荡之际，炮停了，鼓歇了，人声也静了，万般静寂中，忽有清丽的钟磬如仙乐般缓缓敲响，那么庄严，那么肃穆，引导着身着黄、蓝、棕三色团花锦缎长袍的两位主祭人、12位陪祭人及几十位同祭人神色庄重地走上广场中央的红地毯。他们作为此次参与盛会的海峡两岸257个宫庙1300多名代表及数千名信众的代言人，面向庙门口的保生大帝像，开始请香仪式。4名歌仔戏演员身着蓝、黄、粉、黑的古典戏曲服装，扮成文士为祭拜者发放香火、点香迎神。分别来自大陆和台湾的两位主祭人向保生大帝像献上红烛。在这些准备仪式结束后，献祭正式开始。

整个献祭过程分为初献、再献、终献三个部分。只见12位身着粉红色戏装的歌仔戏女演员们犹如仙女下凡，在场中手托祭品、飞移莲步，协助主祭人、陪祭人和同祭人们向保生大帝献上了水果、鲜花、香茶。这些婀娜的身影在场中飘飞、穿梭，整个祭祀现场仿佛增添了一抹亮色，气氛也因此鲜活了许多。

最后，也是最体现此次祭典特色的是来自海峡两岸的两位主祭人分别敬献祝文，在司仪庄严的诵读声中和祭祀人及信众们的虔诚祝祷中，在一片彩色礼花中，祭祀典礼完满结束。令人不可思议的是，当典礼结束，司仪宣布“送神”，话音刚落，只见一缕阳光从多日来始终阴沉沉的云层里穿透照射而下，令人不由得充满了天人感应的神秘想象。

首届海沧保生慈济文化节颂典三献礼仪

在闽南民间信仰习俗中，请戏谢神，人神同乐是祭典不可或缺的程序。因此三献典礼方毕，艺文献演即在庙前广场左侧的临时舞台拉开帷幕。原本以为所谓的“艺文献演”不过是像以前在庙会活动中看到的那样，纯粹是阵头等民俗表演艺术的汇演，虽然热闹但是总让人觉得流于松散，而且一成不变的结果往往使观众失去热情。但这次的艺文献演采取了全新的编排方式，三个节目共同赞颂保生大帝的高风亮节、泽被后人。闽南语歌曲《保生大帝颂》，将保生大帝救死扶伤、爱民救民的精神演绎得淋漓尽致，让人们在悠长、美妙的歌声中沉入对保生大帝伟大事迹的缅怀之中；歌仔戏《吴真人传奇》的尾声《羽化升天》讲述了保生

大帝生命的最后历程中仍在践行济世救人的誓言的动人故事，令人感觉和保生大帝这个神明的距离又拉近了；歌舞剧《保生茶香飘万年》则把节奏鲜明的闽南语流行歌曲与现代舞结合起来，中间更有一段最时尚的“说唱”（rap）唱法，强烈而快速的节奏把整个活动的氛围和人们的情绪推向了又一个高潮。台上服装鲜艳的演员们以优美的歌喉、灵动的舞姿为台下的观众带来了视觉和听觉的一场飨宴。从观众们热烈的反应中，我们不难看出，这是一场成功的演出。而成功的关键在于顺应了时代的需要和信众的心理，将现代与传统的表演形式巧妙地结合起来，达到了意想不到的效果。

首届海沧保生慈济文化节献演节目单

在海沧青礁慈济宫举行的首届保生慈济文化节祭祀典礼和艺文献演无疑是一次成功的尝试，它不仅完成了一次对传统民间信仰形式的现代转型，加深了两岸信众的了解与友谊，更成为海峡两岸大众在新的世纪中同心搭建的一座共同弘扬闽南文化、中华文化的民心相通交流合作平台。

首届保生慈济文化节也引起了全国政协、国台办、文化部等相关部门的重视，被列入国台办的重点对台交流项目。海沧区更是投入巨资，在很短的时间里在东宫和龙湫庵中间建造5000平方米的保生慈济广场，六柱五门特大山门牌坊，811级花岗岩石阶，华佗、张仲景等32尊我国历代名医雕像群，石阶顶端延名师雕一尊高19.88米的花岗岩吴真人立像。

这样，2007年第二届的突出特点就是场地宏大。这就要求有相适应的仪式设计。于是在“三献”之外，又加了仪仗队、大鼓队和献歌献舞。

第二届海沧保生慈济文化节颂典彩排

仪仗队

54人的仪仗队，制作了大量的服装和道具，由研究会副秘书长、歌仔戏的金牌获奖者林志杰负责排练，甚至还要教演员如何穿服装、如何戴帽、如何穿靴。闽南文化研究会有一支40多人的合唱团，以演唱演绎闽南方言歌曲为宗旨。在团长华山、指挥周菲娜和全体演员的努力下，成功地把《岁月如歌真人颂》配成四声部的合唱曲，用闽南方言和美妙的和声展现出来，成为第二届文化节颂典礼仪一抹亮色。

威风锣鼓队，由30位帅哥组成，他们赤膊上阵，健美的身材和古铜色的肌肤，放射着青春的力量和光彩，夺人眼目，他们臂膀挥舞，大鼓重锤，节奏齐整，声声撼人心魄。

八佾舞舞队由艺术学院的32位男生、32位女生组成，由研究会副秘书长、歌舞剧院的陈丽芬根据作曲家郑超英谱写的音乐

闽南文化合唱团颂典仪式演唱《岁月如歌真人颂》

锣鼓队

创作编排献祭保生大帝的八佾舞。服装则专门请深圳的魏老师设计制作。

2007 年第二届文化节的颂典长达 50 分钟，展示主祭、陪祭、同祭阵容和他们的“三献”礼仪及祝文的诵读，占了 32 分钟。颂典尽可能营造庄重肃穆的氛围，让海峡两岸和海外的信众，以虔诚礼敬的仪式来表达对保生大帝的崇敬。

第二届海沧保生慈济文化节献舞

同时，以多声部的闽南语歌曲《岁月如歌真人颂》为献歌，以南音《梅花操》与歌仔戏音乐为献舞的配乐。舞者手中的道具也不同于祭孔。女执象征保生大帝所传青草药的青枝花叶，男捧保生大帝所著的《吴氏本草》药书道具。总之尽可能展示闽南文化的风格，体现保生文化的精神。

2007 年颂典礼仪宏大的气势、高雅的氛围、缤纷的色彩受到普遍的肯定。台湾的朋友赞扬其“气势宏大、格调高雅，又极具闽南特色和突显保生文化主题”。漳、泉等地一些宫庙还找上门来，希望也为他们设计出庄重高雅的颂典礼仪。

第二届海沧保生慈济文化节场面宏大

2007年海沧保生慈济文化节的成功，也使人们对闽南传统民间信仰有了新的认识。经过30多年改革开放、解放思想，大陆的香火重新鼎盛起来。在逐渐提升对香火文化内涵的认识中，大家体会到香火在推动两岸和平发展、重建21世纪海上丝绸之路，以及传承中华文化的重要作用。一种联合祖国大陆和台港澳地区以及海外的具有现代文化内涵的祭祀纪念形式：文化节及其颂典礼仪，在厦门、闽南普遍地发展起来，把大陆、台港澳地区以及海外整合一起，将祭祀活动和文化交流结合起来，丰富了原先单纯祭拜的文化内涵。近年来，厦门海沧的保生慈济文化节、湖里的福德文化节、思明的郑成功文化节、同安的孔子文化节、集美的端午文化节、翔安的香山文化节等等，越办越好，每次活动都吸引了数以万计的民众参与。并且由单纯的祭祀发展成为文化节庆，以弘扬民间信仰的核心价值为主旨，提倡关爱民生、慈

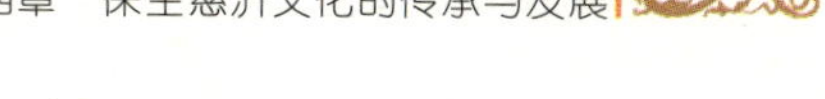

善济世、文化教化、生态环保、文化创意等理念，提升了厦门民间信仰的文化层次，丰富了文化内涵，还创造了新的祭拜纪念形式，促进两岸及世界各地民间文化交流合作。

民间信仰从传统农耕社会延续而来，它的祭祀礼仪必然带有封建迷信的内容与色彩。但是，我们不能简单地用“封建迷信”将其一笔抹杀，应当按照“减少迷信色彩，增加文化内涵”的精神，取其精华，去其糟粕，站在今天的立场，重新解读，传承创新，创造适应新时代的祭祀礼仪、传播方式。

厦门市闽南文化研究会所传承创新的保生大帝祭祀礼仪，可以说是新时期传承创新闽南民间信仰祭祀礼仪的典范，得到民间、官方，海峡两岸一致的认可，并被开漳圣王、三平祖师、福德正神、延平郡王等民间信仰所学习、借鉴。

这一新世纪之初的传承创新，在贯彻落实“创造性转化、创新性发展”的今天，依然可以给我们启发和借鉴。

第二节　青草药文化的传承发展

保生大帝是从青草药开始他治病救人的伟大实践的，同时也在实践中，用毕生的精力开造了医者仁心的闽南青草药文化。2007 年“厦门青草药”第一批入选厦门市非物质文化遗产名录，但是由于当时对非物质文化遗产的认识还比较肤浅，十几年来，青草药的传承保护也走了一段小小的弯路。

非物质文化遗产是对应物质文化遗产而言的，有的国家和地区将它们称为有形文化资产和无形文化资产。但事实上，所有物质的文化遗产都蕴藏着非物质文化遗产，而所有的非物质文化遗产也都有它物质的和有形的存在表现。这也就是温家宝总理当年提的“文象”与“文脉”。

青草药

青草药实践园区

例如，一个古瓷碗，它是物质的文化遗产，是我们看得见摸得着的文象。制造它需要工匠的技艺，陶瓷制造的技艺，这是非物质文化遗产，是文脉的第一个层次。再深入一步，就是创造和发明将高岭土烧制成瓷器的智慧。瓷器英文 china，“china china”，中国瓷器，中国的代表是瓷器，展现古代中国人了不起的智慧。这是非遗，也是文脉的第二个层次，即人的智慧。

为什么碗要烧成圆的，为什么要有这样的釉色和这样的图案，这就是一种审美取向、价值取向，也就是非物质文化遗产，即文脉的第三个层次：这一文化所拥有的价值取向、核心精神。

非物质文化遗产也是如此，我们看歌仔戏，看到了舞台的舞美装置，看到了艺术家穿着戏服的表演，那是有形的、物质化的一出戏，是文象。在令人陶醉的表演后面首先是演员的表演技艺、唱作练打都是多年苦练得来的技艺，是文脉的第一层面。

有的观众还会欣赏和体会到在精彩的戏剧情节背后对生活的思考、对人生的剖析，我们看到编剧、导演的技巧和智慧，当然也体现出编剧、导演的思想追求。

再深入一层，一个戏的最终完成，根据“接受美学”的观点，是由观众来画句号的。为什么这一千多个观众，或者几千个、几万个观众要来看歌仔戏，并且如醉如痴，掌声不断？这就是这一个文化群体共同的审美取向、价值取向。

总之，非物质文化遗产绝不仅仅是技艺、技巧、技术，它还有智慧、创意，还有最重要的文化核心精神。非物质文化遗产的技艺当然值得保护，但是技艺是会随着时代变迁发展的，而智慧永远给我们启迪，文化核心精神更指引着一个民族精神的追求和前进的方向。

青草药文化同样也有它的文象和文脉。青草药文化，不是仅仅这种草治那种病，那种草治这种病，不是仅仅只有技艺的层面。

在保生大帝所开创的青草药文化里融进了中华文化的养生智

慧，融进了闽南人民千百年以生命和痛苦积淀的养生智慧、治未病的智慧。

一方水土养一方人，一方水土有一方的病，一方水土也一定有一方的药。这是中华文化天人合一的理念所呈现的智慧，同时也是保生大帝所开创的青草药文化所揭示的万物相生相克相依的生命规律。这是了不起的生命的智慧。

当然，闽南青草药更呈现了医者仁心、慈悲为怀、为善最乐的闽南文化最宝贵的价值倾向。

我们应当在如此认识的基础上来传承弘扬和创新发展闽南青草药。

郁郁葱葱的青草药

厦门市海沧区温厝慈济北宫理事会理事长程乌，从“土改”时期就参加革命工作，曾长期担任温厝村的基层干部。20 世纪

90 年代在群众的推举下，他自己出钱出力，带领重建了温厝慈济北宫。他的儿子程水杰、程水燃都是企业家，和父亲一样都对保生慈济文化和公益慈善事业充满了热情。程水杰还担任了宫庙的董事长，对北宫的重建奉献良多。

程乌理事长、程水杰董事长、程水燃主任向省、市民宗局领导介绍北宫

2018 年，他们延请“厦门青草药”传承人黄锄荒老师和厦门市非遗保护中心专家组组长陈耕为顾问，规划创建慈济北宫保生青草药园，建立青草药传习中心。程水燃承担起传习中心法人的重担，投入资金并动员宫庙和自己企业的力量很快就申报批准成立了非遗项目“厦门青草药”的传习单位——海沧区保生青草药传习中心。

“厦门青草药”长期以来一直没有建立传习中心，也缺少具有影响力和传播力的青草药展示园。到 2018 年，当年评选的三位传承人已有两位过世，黄锄荒老师是硕果仅存的传承人，也已经 85 岁高龄。

倾心授课的黄锄荒老师

20 世纪 70 年代的一天，宁化县一位猎户在家摆弄鸟铳时不慎走火，数十粒弹丸打在年仅 7 岁的小女儿脸上。痛不欲生的父亲背着她找到医生，女孩满脸是血，开刀取弹，势必留下满脸的伤痕，女儿一生会生不如死！若不取弹丸，生命危在旦夕！父亲急得如同热锅上的蚂蚁。

宁化中医院院长亲自接诊，在察看了小女孩的伤势后，随即起身，从附近的药圃里采来几味嫩生生的青草药，配一小团猪油，捣成糊状，敷在小女孩脸上。此时是下午 6 点。

12 小时转眼过去，第二天清晨 6 点，医生揭下小女孩脸上的药膏，弹丸竟被全部拔吸出来，数一数，整整 24 粒！又过了

半个月，小女孩完全康复，花苞似的脸上没留下一丝疤痕。

这位院长，便是黄锄荒老师。

江西省石城县一位王姓肝硬化腹水患者，多家大医院都诊治无效。当其找到黄院长时，这位患者已是形销骨立，却又腹大如鼓。在详细诊断后，黄院长使用“山橘绝臌汤”为其治疗了一个月，不仅腹水消失，连肝功能都恢复正常。

在黄院长的医生生涯中，用青草药医治好无数的病人，他也因此在1994年成为福建省唯一以青草药治病获国务院特殊津贴的专家，并当选为宁化县政协副主席。他以青草药起死回生的病例，曾被《三明日报》整版报道。他退休后定居厦门，并以极大的热情指导厦门闽南青草药的传承普及发展，推动建立青礁东宫百草园和温厝北宫保生青草药园，并在北宫带徒授艺，开展闽南青草药的传承、普及工作。

黄院长指导传习中心工作

在他的指导和亲力亲为之下，慈济北宫保生青草药园初步建成。近 500 种草本青草药全部入盆上架，43 种木本青草药、8 种藤本青草药、8 种水生青草药全部栽培成活，建立荫生青草药园区并栽培成活 20 多种荫生青草药。每个品种都有铭牌，记载其学名、俗名、用途等。

草本药用植物每一种都有黄院长亲自制作的铭牌

青草药引种栽培和铭牌就位的十几次工作过程中，黄院长手把手地向传习中心的所有同志传授相关的知识和经验。每一次都给大家上了生动的一课。

学员们种植木本青草药

藤本药用植物展示区

水生青草药区

荫生草药区

学员们冒雨种植药食同源青草药

传习中心举行了拜师仪式，12 位来自海峡两岸的年轻人献花、奉茶，拜黄院长为师。行拜师礼的入门弟子之中有农民、大学生、工程师、台胞社区主任助理等。众人肃立向老师三鞠躬、奉茶。“一奉茶，感恩老师，教我技艺。再奉茶，感恩老师，开启智慧。三奉茶，感恩老师，引领做人。一献花，感恩老师燃烧自己，照亮学生；再献花，感恩老师耳提面命，谆谆教诲；三献花，感恩老师，一日为师，终身如父。”

黄院长也把自己多年心血的结晶《闽南青草药》专著送给各位年轻人。

拜师仪式之后，传习中心几位老师立即商议拟订《传承学习守则》，为年轻人立下规矩，规定：

（1）师傅引进门，修行在个人。

（2）动脑动手。

（3）知之为知之，不知为不知。

（4）知行合一。

拜师仪式

（5）感恩、宽容、坦诚。

（6）善心、善念、善行。

还有《青草药传承人应知应会》：

（1）理论：

①文化自觉、文化自信、文化生命规律、文化生态保护；②中国中医药、治未病、五行、阴阳，养生理论；③了解十位历史中医药大师，十位闽南著名中医。

（2）技艺：

①至少识别一百种青草药，并掌握其栽培技术；②至少掌握一百种青草药功能、用法。

（3）善行：

①传播青草药文化及文化理念；②至少栽培青草药三百株；

③推行闽南青草药养生智慧。

黄锄荒老师还拟订具有闽南青草药文化特色的传习课程：

（1）如何辨识青草药。

（2）20 对相似青草药巧辨识。

（3）常见清热降火的青草药。

（4）常见利水去湿的青草药。

（5）常用退癀的青草药。

（6）青草药常见病验方（二课时）

（7）青草药治疗疑难病验方（二课时）。

（8）闽南民间治疗糖尿病验方。

（9）青草药的毒副作用。

传习中心期望年轻人努力在学习技艺的同时学习保生大帝“医者仁心”的品德，在善行中培养善心善念、感恩宽容。

黄院长和徒弟们亲切交谈

2019 年 3 月 24 日海沧区保生青草药传习中心的“保生讲坛”在海沧温厝慈济北宫会议室正式开讲。

培训班开班仪式背景板

“保生讲坛”针对有志传承青草药文化的年轻人开设“青草药传承人培训班”，抓紧培养传承人；针对中老年人开设“健康快乐到百年——闽南文化养生智慧”的讲座，让更多的人了解中华养生智慧，把健康把握在自己手中；针对家庭主妇开设“吃花、吃草、吃健康”讲座，让养生智慧融入人们的日常生活中。

厦门市非遗中心、海沧区民政局、海沧区文化馆的负责人出席青草药传承人培训班开班仪式，并做了鼓舞人心的讲话。

参加开班仪式的还有来自海沧、同安、翔安、思明、湖里的 80 多位学员和热心青草药传承的朋友。尤其令人感动的是年近九旬的老医生杨裕谦在女儿的陪同下，拐着四脚的拐杖来参加。还有翔安著名的黄献阔老医师也舟车劳顿赶来。

开班仪式上，由台胞助理陈静怡担任主持人。她首先介绍了培训班的老师——黄锄荒院长，还有原潘洛铁矿医院朱学锋院长和市非遗中心专家组组长陈耕。

传习中心主任程柏豪和参与传习的台胞社区主任助理代表符坤龙也作了简短的发言，表示了传承弘扬青草药文化的决心。

简短的开班仪式后，由陈耕老师讲授第一课“青草药与青草药文化”。共五个内容：（1）文化自觉的理念；（2）深刻认识新时代；（3）新时代的文化使命；（4）青草药：文象与文脉；（5）闽南文化的“教示”：感恩敬畏、悲悯宽容、化怨为和、为善最乐、开创拼搏。

青草药传承人培训班第一课

一个多小时的课程，学员们听得聚精会神、津津有味。学员甘草第二天发来感言：

陈教授，下午听了您的讲座，醍醐灌顶，非常受益，也非常感动。中医之“中”，是中庸之意，不会走极端，看病辨证论治，看事也合乎中道。正如您所说，之前西风东渐，西医将中医贬得一文不值；现在传统中医逐渐走上复兴之路，既要发挥中医之长，对西医也要兼容并蓄，为我所用。这真是高屋建瓴的认识，让学生听了有如棒喝一般，思维一下子开阔起来。

闽南青草药在应用过程中，也许更注重何药治何病，而对“症”的辨识，有时会有所偏差。所以，您认为学习青草药，也应该懂得传统中医的辩证思维，这也是对草药传承人的鞭策。

您说学习闽南青草药，并非单单是为了学一招半式，知道何药治何病。更为重要的是传播养生、健康的观念和生活方式，让身边的亲朋好友活得更加健康，免于病痛的折磨。这对很多学医学药之人，都是一种提醒，要从更高的维度来看待生命和健康。这番话，让学生心中莫名有一种感动，这真是良师之言。

从小在乡村，常会听到大人骂小孩子没有人“教示”，直到今天下午，我才知道这两个字原来是这样写，并且有言传身教之意。作为医者，德字当先。若无尊天敬祖、悲天悯人之心，只为谋取钱财，真是有愧于祖上先贤，这个医生不做也罢！您这一席话，对晚生后辈实在是一种敦促。

下午您的讲座，让我听得意犹未尽，思维为之开阔，心境为之提升，也更坚定了学生学医救人之心。路漫漫其修远兮，我必当多用心用功，望他日能有小成，发扬祖国优秀传统医学。

相信这也代表了大多数学员的心声。

随后，传习中心又连续请黄院长、朱学锋院长、李良赞传承人、明艳林教授授课。

黄院长的“20对相似青草药巧辨识”深深吸引了学员。他不但在讲坛上讲，还领着大家到青草药园里，现场讲授。

第一次开课后合影

厦门市非物质文化遗产项目“闽南蛇伤疗法”的传承人李良赞老师讲授“青草药预防和治疗蛇伤”。李老师是闽南著名的民间医生白山龙的徒弟，多年前就考取了治疗蛇伤的营业执照，为蛇伤百姓做了许多好事，有着丰富的实践经验，讲课生动活泼。他还准备了许多各种蛇的照片，让大家了解什么是毒蛇，什么是没有毒的蛇。他还提醒大家，随着生态环境的优化，蛇越来越多，不断有蛇伤人的情况。如何与蛇平安共处，如何预防蛇伤，是值得引起关注的课题。

90 高龄的闽南著名老中医杨裕谦先生听完李良赞的课也上台补充介绍治疗“缠腰龙”（闽南话称“蛇”）的青草药验方。

朱学锋老师今年已八十高龄，1966 年毕业于福建医学院，副主任医师、高级营养师，原漳平潘洛铁矿医院院长（原隶属于

李良赞传承人讲课

90 多岁的老中医杨裕谦讲授青草药

国家冶金部，当时是福建最大的铁矿，职工约有 3000 人）。从 20 世纪 60 年代他就开始学习闽南青草药，退休后政府分房在厦定居，房前屋后种满了各式各样的青草药，并按不同体质、不同年龄配制各种养生茶，自己品尝，还手把手教朋友怎么使用。他擅长治未病，自己编辑、整理既具养生保健、健康理念，又可预防疾病的书免费赠送给身边亲朋好友，以及素不相识的老年朋友，倡导健康的理念。他撰写的多篇论文被载入《中华名老中医录》里。

朱学锋老师授课

朱老师为“药食同源　养生智能”系列讲座做了精心的准备，撰写了详细的教案，并让台胞社区主任助理帮他做成 PPT，图文并茂地讲授青草药南非叶的药食两用，养生防病功效。他还介绍了枣、花生、核桃等食物的养生功能。

朱学锋老师第二课讲白鹤灵芝草与虎尾轮。

白鹤灵芝草

白鹤灵芝草又称为“癣草”，植株上开的小白花真的就像白鹤翩翩飞舞一样美丽，这么美丽的花草，想不到药效可以比得上珍贵的中药灵芝，在养生保健上有利于健康，并能治疗支气管炎、心脏病、糖尿病等诸症，也没有特殊禁忌。

虎尾轮是闽南地区常见的民间草药。它是一种亚灌木状草本，药用价值特别高，又名“石参”。虎尾轮童子鸡是一道风靡大众的营养食谱。

最后，朱老师教大家用劳宫穴拍打涌泉穴的养生方法，简单来说，就是用手心拍打脚心，促进血液循环，就能够控制 127 种疾病，非常简单实用。

课后，朱老师带了许多白鹤灵芝草的枝丫，给学员带回家插枝种植，期待学员家里也都能看到翩翩起舞的白鹤花朵，让这么好用的青草药深入每个人的生活。

随后，在黄院长门下弟子许子贤的指点下，学员实地认识许多田边路旁的原生态青草药。“见青就是药”，学员们切身体会闽南文化中因地制宜、善用万物的先人智慧。

陈耕老师的“健康快乐到百年——闽南文化养生智慧”也吸引了许多听众。

当今世界，人均寿命已经成为衡量一个国家一个地区文明水平的重要标准。大健康产业正成为新时代朝阳产业。今天我们推

学员们传习青草药

动的不仅仅是青草药传承的新篇章，更是健康厦门长寿厦门新的希望。

无灾无病、健康快乐到百年，是今天人人心向往之的追求。但实际上健康就把握在每个人自己手中。85%的病是吃出来的。

食疗养生的智慧不仅在吃什么，还有怎么吃、吃多少，什么时候吃？这些在闽南的传统中，都有许多智慧的传承。

例如闽南俗语：小酒小人参，啉多变憨忥（喝多变成傻瓜）。揭示了“度”的把握，分寸的把握。

而“一年补透透，不值补霜降”，“节气一口水，较赢（胜过）平时吃鸡腿”等谚语，则启示二十四节气是进补的好时机。

一方水土养一方人，一方水土有一方病，一方水土有一方药。这正是天人合一的理念，是中华养生祛病长寿的智慧。保生大帝留下了闽南青草药技艺、智慧与文化追求，我们应好好珍惜，世代传承。

保生讲坛

保生青草药传习中心顾问、厦门华侨亚热带植物引种园副主任研究员明艳林讲授的“药食同源与肿瘤防治”，向人们揭示了青草药的未来发展——青草药的现代化。

明艳林老师是厦门大学生命科学学院肿瘤细胞生物学专业博

明艳林教授（左一）在慈济北宫与黄院长徒弟洪宗欢交流

士，比利时布鲁塞尔自由大学药学院分子生药学博士后。现任福建省亚热带植物研究所福建省植物生理生化重点实验室常务副主任，厦门华侨亚热带植物引种园（国家农作物国外引种隔离检疫基地）副主任，厦门市引种检疫与植物源产物重点实验室主任，厦门市药用植物与植物药研发中心主任。对厦门药用植物的研究贡献很大。

中国第一个医学诺贝尔奖是从青草药中提炼的青蒿素，救人无数。当代人类健康的大敌——癌症，是否也会由中国的青草药创造出致其死命的一击？人们期待着！

保生青草药传习中心、慈济北宫青草药园、保生讲坛，得到各级领导的关注和支持。

2019 年 4 月 20 日，厦门市海沧区“保生青草药传习中心暨慈济北宫青草药园”隆重举行揭牌仪式。福建省闽南文化研究会、漳州市闽南文化研究会、厦门市文化和旅游局、厦门市台办、厦门市金联会、海沧区台商投资区管委会、海沧区委区政府、厦门市闽南文化研究会、厦门市非物质文化遗产保护中心等各级领导，著名的闽南文化专家刘登翰、彭一万，以及金门县前县长李炷烽、金门县教育局原局长李再杭、台湾安平文教基金会代表陈嘉庆等人专程前来参加仪式，见证海沧区保生青草药传习中心和温厝慈济北宫青草药园正式挂牌。他们充分肯定，闽南青草药不仅是闽南文化的特色，更是中华文化的瑰宝。青草药园的挂牌成立使得青草药文化知识有个学习、科普的实践基地，并可推动两岸青草药文化交流合作。保生青草药传习中心将在日后持续为广大群众提供青草药相关学识课程，借由养生之道，“养怡之福，可得永年”。

青草药传习中心揭牌仪式合影

在海沧区人大和政协的关心推动下，华师大附小和青礁小学专门参访慈济北宫青草药园和传习中心，并介绍了各自学校推动青草药文化传承生动活泼的创意和感人作为。

保生青草药传习中心的程水燃主任和顾问陈耕也向校长们报告了青草药园的建设规划和对青草药文化文象、文脉的理解。

双方还共同讨论今后的合作，期待在青草药文化进学校的教材编写、师资培训等方面有深入切实的合作，同心协力把青草药文化的种子播撒在孩子们的心上，让年青的一代从学习闽南青草药切入，了解闽南文化、了解中国中医药、了解中华优秀传统文化，增强文化自信，提高文化自觉。

他们决心在青草药园建立青少年教育基地，联合推动闽南青草药文化纳入厦门市“闽南方言与文化进校园”活动中。

海沧青礁小学和华中附小编写的青草药校本教材

青礁小学的青草药园

2019年1月，福建省教育厅批准厦门医学院建设福建省高校人文社会科学研究基地“传统本草文化传承研究中心”。医学院的老师几次走访参观慈济北宫青草药园，双方一拍即合，在2019年5月14日签订了合作意向书：

为加强双方联合推动源远流长的青草药文化在新时代创造性转化和创新性发展，促进资源优势互补，探寻“产学研用”结合的新模式，本着“平等、合作、共赢”的原则，经双方友好协商，在资源共享、文化交流、人才培养、成果创新等方面开展合作，协议如下。

今后双方将相互挂牌建立“厦门医学院实践教学基地”“保生青草药传习中心传习基地”。同时，还将在以下几个领域开展合作：

1. 资源共享：双方可将青草药园、专业师资、青草药文化培育与传播对象（学生）等作为共同的合作内容，广泛开展文化合作。

2. 文化交流：立足传承优秀传统本草文化和青草药文化，双方可通过互访、互学等多种形式，在青草药文化之哲学思想、本草史话、古法技艺及其应用规律等方面不定期地开展交流互动，共同提升青草药文化研究水准。

3. 人才培养：作为弘扬和传承中医药学的主体，高校大学生肩负着探究和学习本草文化的重任。因此，在传习中心的协助下，医学院将在涉及青草药文化的内容上制订切实可行的人才培养方案、目标和任务，尤其应加强实践方面的培养。

4. 成果创新：为了进一步丰富和拓展青草药文化的传播层面，双方的专业师资在上述合作的基础上，将青草药文化逐步形成以教材、科普读物、论文或专著等为主要形式的研究成果，真正实现青草药文化的传承传播。

和医学院签订合作意向书后合影

不但是纸面的协议，而且立即行动。协议签订的当天下午，传习中心顾问、厦门市非遗保护中心专家组组长陈耕教授就为医学院 100 多位师生讲授“闽南青草药与青草药文化”，为双方的合作开锣，受到师生们热烈的欢迎。

陈耕老师为厦门医学院师生们授课

在市、区非遗中心和黄院长的指导下，传习中心制定了慈济北宫保生青草药园规划，并请专业园林设计公司精心设计，得到社区、街道和海沧区领导的大力支持。

北宫青草药园分为草本、乔木木本、灌木木本、藤本、水生、荫生、药食同源、有毒与珍稀品种共 8 个园区，现已有 400 多个品种，计划引进 600 个品种，将成为闽南品种最齐全的青草药园。

慈济北宫青草药园规划图

传习中心还将着力培育治疗闽南常见病多发病的青草药园区，为闽南百姓的“看病难、看病贵”尽一份力，探索闽南特色的保生养生健康之路，造福闽南百姓。在 2019 年“文化和自然遗产日”的非遗展示会上，他们精心设计布置展台，受到参观百姓与各级领导的关注。

在区委区政府的指导下，海沧区十几位台胞社区主任助理也投入到传习中心和青草药园的建设中。台湾安平文教基金会的董事长蔡金安先生还专门带人来考察和探寻两岸在青草药传承创新方面的合作。

2019 年 3 月 31 日下午，蔡金安董事长和助理专程拜会慈济北宫保生青草药传习中心，并参观建设中的青草药园，受到慈济北宫董事长程水杰、保生青草药传习中心主任程柏豪、顾问陈耕

参观青草药展示区的民众

孩子们也喜欢青草药

的热情接待。双方就两岸青草药传承创新的交流合作进行了初步的探讨，形成许多共识和推动两岸青草药交流合作的意愿。

朱学锋老师给台胞社区主任助理讲青草药

台胞社区主任助理们认真听课记笔记

台湾的保生大帝信仰与青草药文化都传自闽南。中国台湾地区以及东南亚的三真人庙（吴本吴真人、孙思邈孙真人、许慎许真人）几乎都是由海沧温厝慈济北宫三真人庙分炉、分香、分灵。三真人皆中国中医药开创先贤，吴真人更是闽南医祖、闽南青草药开创者。他的《龙湫本草》传世千年，深刻影响世世代代闽南人的健康、繁衍与价值取向。保生青草药传习中心正是秉持传承真人技艺、智慧和文化精神的宗旨，欲求为百姓看病难、看病贵尽一份心力。

揭牌仪式上金门县前县长李炷烽向传习中心赠送墨宝

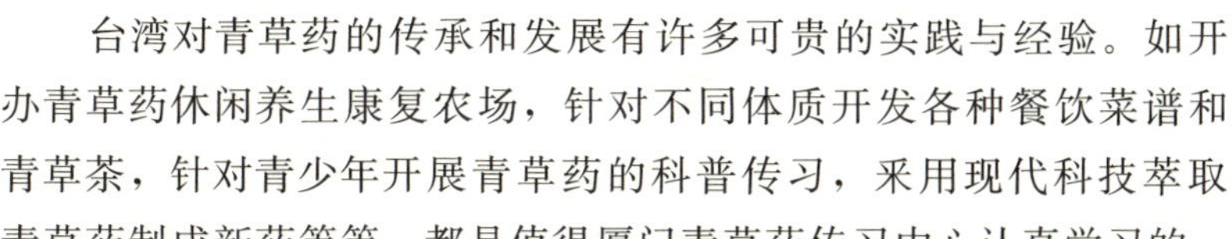

台湾对青草药的传承和发展有许多可贵的实践与经验。如开办青草药休闲养生康复农场，针对不同体质开发各种餐饮菜谱和青草茶，针对青少年开展青草药的科普传习，采用现代科技萃取青草药制成新药等等，都是值得厦门青草药传习中心认真学习的。

双方同意将进一步探索推动构建两岸青草药交流合作的渠道，期望共同把慈济北宫青草药园建设成为海峡两岸青草药交流合作的基地。

海沧温厝慈济北宫对保生慈济文化、青草药文化的传承发展，堪称厦门民间信仰宫庙“创造性转化、创新性发展”的典型。可以相信，厦门市保生大帝文化的传承发展，在习总书记“双创方针”指引下，一定会开创出“增加文化内涵，减少迷信色彩”，造福闽南人民的宽广大道。

保生大帝香火鼎盛

后 记

从20世纪80年代开始，我似乎就和保生大帝结下了不解之缘。先是在文化局的局务会上，听文物科科长讲保生大帝的故事和青礁慈济宫评定国家级的文保单位。接着，金莲升高甲戏剧团又开始排演高甲戏《保生大帝》，要我去看，去帮忙改剧本。然后，我们闽南文化研究会的老会长方友义、前辈方文图老师、厦门市委宣传部杨晓基处长组织吴真人研究会，又总拉我去参加活动。最后到2006年，终于被时任海沧区副区长的陈式海拉进来，承接了第一、二届保生慈济文化节的相关工作，也参与了几次研讨会，并和许多保生大帝宫庙的掌门人结下深深的友情。

更意想不到的是，70岁辞去闽南文化研究会的会长后，又承慈济北宫程乌的盛情，在北宫设立了个人文化工作室，并投身于闽南青草药的传习和弘扬，协助北宫成立了“保生青草药传习中心”和“慈济北宫青草药园”，还把传承人黄锄荒院长也请来，热热闹闹地开办了“保生讲坛”，更“被迫着”下功夫研究起闽南青草药文化，居然听的人也觉得好。

所以写这本《保生大帝信俗》也就一气呵成，似乎就是在记录自己这些年走过的路、办过的事。也乘机回顾反思，觉得替百姓还是做了点儿有益的事，不枉活了这么些年。一眨眼就变成古稀之人，可不是托了保生大帝的庇护！和老百姓站在一起，想他们所想，就是善；站在老百姓对面指指点点，就是恶。善有善报，恶有恶报，信然。

感谢厦门市保生慈济文化研究会的叶开放会长，提供了许多宫庙的照片。还要感谢把我“拉下水”的陈式海主席，他现在是福建省侨联的主席。当然更感谢帮我安排工作室，出钱出力倾心推动青草药文化传承的温厝社区、慈济北宫的父老乡亲们。是他们推动我，跟着潮流，永不停步，让保生慈济文化的香火不断增加文化内涵，减少迷信色彩，世世代代，永续薪传，历久弥新。让千年不熄的香火，香飘两岸，香飘四海，誉满全球。

笔者

2019 年 6 月 15 日

图书在版编目(CIP)数据

保生大帝信俗 / 陈耕著. —厦门：鹭江出版社，
2020.5
(闽南非物质文化遗产丛书·第二辑)
ISBN 978-7-5459-1652-2

Ⅰ.①保… Ⅱ.①陈… Ⅲ.①神—信仰—民间文化—研究—福建 Ⅳ.①B933

中国版本图书馆 CIP 数据核字(2019)第 259491 号

闽南非物质文化遗产丛书·第二辑

BAOSHENGDADI XINSU
保生大帝信俗
陈耕　著

出版发行：鹭江出版社
地　　址：厦门市湖明路 22 号　　**邮政编码**：361004
印　　刷：福建彩色印刷有限公司
地　　址：福州市福新中路 66 号　　**电　　话**：0591－83661924
开　　本：890mm×1240mm　1/32
插　　页：2
印　　张：5.25
字　　数：127 千字
版　　次：2020 年 5 月第 1 版　　2020 年 5 月第 1 次印刷
书　　号：ISBN 978-7-5459-1652-2
定　　价：45.00 元

如发现印装质量问题，请寄承印厂调换。